Casos Práticos de Direito das Sucessões

(120 CASOS, INCLUINDO 50 CASOS RESOLVIDOS)

Casos Práticos de Direito das Sucessões

(120 CASOS, INCLUINDO 50 CASOS RESOLVIDOS)

2021
(2ª Reimpressão)

Alberto de Sá e Mello
Doutor em Direito. Professor catedrático convidado na Faculdade de Direito da Universidade Lusófona de Humanidades e Tecnologias (ULHT – Lisboa) e no Instituto Superior Manuel Teixeira Gomes (ISMAT – Portimão)

Vanessa Mamedes
Licenciada em Direito pelo Instituto Superior Manuel Teixeira Gomes (ISMAT – Portimão)

ALMEDINA

CASOS PRÁTICOS DE DIREITO DAS SUCESSÕES
(120 CASOS, INCLUINDO 50 CASOS RESOLVIDOS)

AUTORES
Alberto de Sá e Mello
Vanessa Mamedes

EDITOR
EDIÇÕES ALMEDINA, S.A.
Rua Fernandes Tomás, nºs 76, 78 e 80
3000-167 Coimbra
Tel.: 239 851 904 · Fax: 239 851 901
www.almedina.net · editora@almedina.net

DESIGN DE CAPA
FBA.

EDITOR
EDIÇÕES ALMEDINA, S.A.

IMPRESSÃO E ACABAMENTO
DPS – DIGITAL PRINTING SERVICES, LDA
Outubro, 2021

DEPÓSITO LEGAL
451704/19

ALMEDINA | GRUPOALMEDINA

BIBLIOTECA NACIONAL DE PORTUGAL – CATALOGAÇÃO NA PUBLICAÇÃO

MELLO, Alberto de Sá e, e outro

Casos práticos de direito das sucessões: (120 casos, incluindo 50 casos resolvidos / Alberto de Sá e Mello, Vanessa Mamedes. – (Casos práticos)
ISBN 978-972-40-7805-2

I – MAMEDES, Vanessa

CDU 343

NOTA INTRODUTÓRIA

Esta Coletânea de Casos práticos de Direito das Sucessões resulta da seleção de textos, de nossa autoria, apresentados em provas de avaliação aos Alunos do curso de Direito na Faculdade de Direito da Universidade Lusófona de Humanidades e Tecnologias (ULHT – Lisboa) e no Instituto Superior Manuel Teixeira Gomes (ISMAT – Portimão), durante dez anos letivos.

Os Casos práticos coligidos versam cada uma das várias matérias da disciplina de Direito das Sucessões, constituindo um elenco completo das matérias em estudo na mesma.

Os Autores oferecem também à comunidade escolar e a todos os que interpretam e aplicam o Direito um conjunto de Casos práticos resolvidos que versam todas as áreas desta disciplina jurídica. As soluções apresentadas representam a posição dos Autores sobre as matérias versadas e só a estes vinculam, servindo de não mais do que um exemplo de solução.

Esperamos que esta coleção ajude tanto os professores e estudantes como todos os que praticam a interpretação e aplicação do Direito das Sucessões nas suas tarefas correntes.

Dezembro de 2018

OS AUTORES

Caso Prático 1

Tema: Sucessão do cônjuge e descendentes; liberalidades inoficiosas

Francisco é autor da sucessão. Francisco é pai de Alfredo e de Luísa. Francisco é casado com Joana. Francisco tem três irmãos, Rodolfo, Pilar e Idália. Descreva passo a passo a sucessão de Francisco, considerando que Rodolfo é pré-falecido e que institui Idália como sua herdeira universal por testamento.

Caso Prático 2

Tema: Sucessão do cônjuge e descendentes; liberalidades inoficiosas

Octávia é autora da sucessão. É filha de Carlos e casada com Dário. Octávia e Dário têm um filho, Paulo. Octávia institui por testamento Hilário como seu herdeiro universal. Descreva passo a passo a sucessão por morte de Octávia, considerando que Paulo repudia.

Caso Prático 3

Tema: Sucessão do cônjuge e descendentes; liberalidades inoficiosas

Olga é autora da sucessão. É filha de Carlos e casada com David. Olga e David têm dois filhos, Paulo e Jaime. Olga institui por testamento Hilário como seu herdeiro universal. Descreva passo a passo a sucessão por morte de Olga, considerando que Carlos é pré-falecido e que Paulo repudia. Indique as quotas respectivas.

Caso Prático 4

Tema: Sucessão do cônjuge e descendentes; liberalidades inoficiosas

Carlos é o *de cujus*. Carlos é casado com Zenaida. Carlos é pai de Diana e filho de Bento que é filho de António. António tem então três filhos: a) Bento, que é pai de Carlos e avô de Diana; b) Eduardo, irmão de Bento, que tem um filho Francisco; e c) Guilherme, também irmão de Bento, que é pai de Hilário. Bento, António e Eduardo são pré-falecidos em relação a Carlos, e Guilherme e Diana repudiam a sucessão. Carlos institui Wilson como seu herdeiro universal. Descreva passo a passo a sucessão de Carlos, desenhando por ordem de prioridades todo o seu mapa de sucessíveis e respectivas quotas.

Caso Prático 5

Tema: Sucessão do cônjuge e descendentes; liberalidades inoficiosas

Heitor é autor da sucessão. Heitor é filho de Márcia. Márcia tem dois outros filhos, Octávia e Guilherme. Heitor é casado com Belinha, de quem tem um filho, Zebedeu. Guilherme tem um filho, Paulo. Descreva passo a passo a sucessão de Heitor, considerando que Heitor institui Antonieta como sua herdeira universal e que Guilherme é indigno em relação a Heitor. Indique as quotas.

Caso Prático 6

Tema: Sucessão do cônjuge e descendentes; sucessão testamentária

Flávio é autor da sucessão. Flávio é casado com Júlia, com quem tem dois filhos, Alberto e Luís. Descreva passo a passo a sucessão de Flávio, considerando que: a) o património hereditário é de 90 UC; b) Flávio institui um legado da quota disponível em benefício de Vasco, Xavier e Coriolano, pretendendo que Vasco seja beneficiado em 15 UC em relação aos demais co-legatários. Indique os valores em que cada um deve suceder.

Caso Prático 7

Tema: Sucessão do cônjuge e descendentes; sucessão testamentária; direito de representação

Amável é autor da sucessão. Amável é casado com Belarmina, de quem tem quatro filhos, Carlos, Maria, Domingos e Ernesto. Descreva passo a passo a sucessão de Amável, considerando também que: a) o património hereditário é de 1 200 UC; b) Amável institui Felismina, Gina e Horácio como seus herdeiros na quota disponível, estipulando que Horácio deve ser beneficiado em 60 UC em relação a Felismina e Gina; c) Horácio, que tem uma filha, Joana, repudia.

Caso Prático 8

Tema: Sucessão do cônjuge e descendentes; direito de representação

Otília é autora da sucessão. Otília é casada com Capitolino de quem tem dois filhos, Nilson e Xavier; Xavier tem um filho, Gonçalo, e Nilson tem uma filha, Mafalda. Descreva a sucessão de Otília, considerando também que Xavier repudia a sucessão e que Nilson é pré-falecido.

Caso Prático 9

Tema: Sucessão do cônjuge e descendentes; direito de representação

Heitor é autor da sucessão. Heitor é casado com Deolinda com quem tem dois filhos, Vasco e Carolina, mãe de Emília. Heitor tem ainda dois outros filhos de um anterior casamento, Naomi e Sílvia. Heitor é filho de Joana e tem dois irmãos consanguíneos, Luís e Filipe. Descreva passo a passo a sucessão de Heitor, considerando também que Deolinda e Joana são pré-falecidas e que Carolina repudia. Indique as quotas.

Caso Prático 10

Tema: Sucessão do cônjuge e descendentes; direito de representação; liberalidades inoficiosas

Abelâmio é autor da sucessão. Abelâmio é casado com Diógenes e é filho de Esmeralda, mãe de Firmino que é irmão de Abelâmio. Abelâmio é pai de Blimunda, Carolina e Zenaida. Blimunda é mãe de Jacob, Carolina é mãe de Leocádia e Zenaida é mãe de Matrona. Descreva passo a passo a sucessão de Abelâmio, considerando ainda que: a) Abelâmio instituiu Heitor e Isilda como seus herdeiros universais; b) Zenaida instituiu Neemias como seu herdeiro universal; c) Isilda, e Zenaida repudiam; d) Blimunda é pré-falecida. Indique as quotas em que cada um sucede.

Caso Prático 11

Tema: Sucessão do cônjuge e descendentes; direito de representação; liberalidades inoficosas

Adelaide é autora da sucessão. Adelaide é casada com Berta. Adelaide e o seu ex-marido, Carlos, têm um filho, Diogo. Diogo tem três filhos, Maria, Natércia e Orlando. Descreva passo a passo a sucessão de Adelaide, considerando também que esta institui José como herdeiro universal e que Diogo e Orlando repudiam. Indique as quotas.

Caso Prático 12

Tema: Sucessão do cônjuge e descendentes; transmissão do direito de suceder; direito de representação; liberalidades inoficiosas

Anacleto é autor da sucessão. É pai de Berta e Célia, que são filhas de um anterior casamento, já dissolvido, de Anacleto com Otília. Célia é mãe de Emília e Fernanda. Anacleto é casado com Naomi, com quem tem uma filha, Luísa. Fernanda tem uma filha, Joana. Descreva passo a passo a sucessão de Anacleto, considerando que: a) Célia não aceita nem repudia a sucessão de Anacleto e morre; b) Fernanda repudia; c) Anacleto institui Zebedeu como seu herdeiro universal. Indique as quotas que pertencem a cada um dos sucessíveis.

Caso Prático 13

Tema: Sucessão do cônjuge e descendentes; transmissão do direito de suceder; direito de representação

Túlio é autor da sucessão. Túlio é filho de Miguel e é casado com Palmira. Túlio tem três filhas, Carolina, Bonifácia e Damiana. Carolina tem dois filhos, Feliciano e Emílio. Damiana tem quatro filhos, Lúcio, Germana, Hélia e Isménia. Isménia tem um filho, Jaime. Descreva, passo a passo e fundamentando sempre, a sucessão de Túlio, considerando ainda que: a) Carolina não aceita nem repudia e morre; b) Damiana, Lúcio e Isménia repudiam. Indique as quotas em que cada um sucede.

Caso Prático 14

Tema: Sucessão do cônjuge e descendentes; incapacidade por indignidade; liberalidades inoficiosas

Fernando é o *de cujus*. Sobrevivem-lhe dois filhos, Arnaldo e Luís, e a mulher, Jacinta. Sobrevivem-lhe também duas irmãs, Helga e Paloma. Descreva passo a passo a sucessão de Fernando, considerando que: a) institui por testamento Helga como herdeira universal; b) Luís foi condenado como cúmplice de tentativa de homicídio de Jacinta. Indique as quotas respectivas.

Caso Prático 15

Tema: Sucessão do cônjuge e descendentes; incapacidade por indignidade; liberalidades inoficiosas

Apolinário é autor da sucessão. Apolinário é casado com Berta. O casal tem dois filhos, Diogo e Etelvina. Apolinário, que é filho de Nelson (pré-falecido) e irmão de Henrique, institui como seu herdeiro universal Miguel. Descreva passo a passo a sucessão de Apolinário e indique as quotas de cada um dos sucessores, considerando também que: a) Diogo repudia; b) Etelvina foi condenada por tentativa de homicídio da mãe.

Caso Prático 16

Tema: Sucessão do cônjuge e descendentes; direito de representação; incapacidade por indignidade

António é autor da sucessão. António é casado com Carolina e é filho de Bento. António tem dois filhos, Diogo e Eduardo. Prova-se que Carolina impediu António de fazer testamento a favor de João, em que aquele designava este como herdeiro universal. Diana repudia. Diana tem um filho, Gonçalo. Defina passo a passo a sucessão de António, indicando a quota em que eventualmente sucedem os restantes.

Caso Prático 17

Tema: Sucessão do cônjuge e descendentes; incapacidade por indignidade; direito de representação; liberalidades inoficiosas

Eduardo é autor da sucessão. Eduardo é casado com Felisbela. Eduardo e Genoveva são pais de Henrique. Henrique é pai de Luís e João. Descreva passo a passo a sucessão de Eduardo, considerando ainda que: a) Henrique é indigno em relação a Eduardo, Genoveva e Felisbela; b) Felisbela é indigna em relação a Eduardo; c) Eduardo instituiu como seu herdeiro universal Ícaro, pai de Menelau; d) Genoveva é pré-falecida; e) Ícaro repudia. Indique as quotas em que cada um sucede.

Caso Prático 18

Tema: Sucessão do cônjuge e descendentes; liberalidades inoficiosas; substituição fideicomissária

Abelardo é autor da sucessão. Abelardo é casado com Dora e filho de Berta, que é filha de Carlos que é também pai de Joana, irmã de Berta. Abelardo é ainda pai de Francisco, Gonçalo, Isabel, Yasmin e Heitor. Indique o valor em que sucede cada um dos mencionados (todos sobrevivem a Abelardo cujo património hereditário é de 1200 UC), considerando também que: a) Abelardo institui Lopo, como fideicomissário em metade da herança, sendo fiduciário Túlio; b) Isabel e Heitor não são filhos de Dora, mas de Maria; c) Lopo e Heitor repudiam.

Caso Prático 19

Tema: Sucessão do cônjuge e descendentes; sucessão do cônjuge e ascendentes; transmissão do direito de suceder; liberalidades inoficiosas

Horácio é autor da sucessão. Horácio é casado com Emília com quem tem uma filha, Paula que é mãe de Bárbara. Horácio é filho de Álvaro. Além de Paula, Horácio tem outro filho, de um anterior casamento com Joana, Mário. Descreva passo a passo a sucessão de Horácio, considerando que: a) Horácio institui Gonçalo como seu herdeiro universal; b) Paula morre sem ter aceitado nem repudiado a sucessão; e que c) Bárbara repudia. Indique a quota em que eventualmente sucedem os restantes.

Caso Prático 20

Tema: Sucessão do cônjuge e descendentes; transmissão do direito de suceder; direito de representação

Alberto é autor da sucessão. É casado com Fábia que lhe sobrevive. Sobrevivem-lhe também: a) o filho, Bento; b) os netos, Nelson, Vasco e Paulo, filhos de Bento; c) e uma bisneta, Maria, filha de Nelson. Descreva passo a passo a sucessão de Alberto, considerando que Bento não aceita nem repudia a sucessão de Alberto e morre, e que Nelson e Paulo repudiam. Indique as quotas.

Caso Prático 21

Tema: Sucessão do cônjuge e descendentes; incapacidade por indignidade; direito de representação; liberalidades inoficiosas

Hugo é autor da sucessão. Hugo é casado com Felisbela. Hugo e Gonçalina são pais de Mário. Mário é pai de Luís e João. Descreva passo a passo a sucessão de Hugo, considerando ainda que: a) Mário é indigno em relação a Hugo, Gonçalina e Felisbela; b) Felisbela é indigna em relação a Hugo; c) Hugo instituiu como seu herdeiro universal Ícaro, pai de Menelau; d) Gonçalina é pré-falecida; e) Ícaro repudia. Indique as quotas em que cada um sucede.

Caso Prático 22

Tema: Sucessão do cônjuge e descendentes; direito de representação; direito de acrescer

Zuzarte é autor da sucessão. É casado com Eunice, de quem tem dois filhos, Hugo e Clara. Clara tem quatro filhos, Maria, Nelson, Octávio e Paulo. Descreva a sucessão de Zuzarte, considerando também que Clara e Nelson repudiam.

Caso Prático 23

Tema: Sucessão do cônjuge e descendentes; incapacidade por indignidade; direito de representação; liberalidades inoficiosas; direito de acrescer entre herdeiros

Álvaro é autor da sucessão. Álvaro é casado com Filipa e filho de Sérgio. Álvaro é pai de Bento, Carolina, David e Eulália. Bento é pai de Ricardo e Pedro. Carolina é mãe de João. David é pai de Liliana. Eulália é mãe de Maria. Álvaro institui como seus herdeiros universais Isabel, Horácio e Zenão. Descreva passo a passo a sucessão de Álvaro, considerando ainda que: a) Isabel repudia; b) Bento e Carolina são indignos em relação a Álvaro; c) Eulália é pré-falecida. Indique as quotas em que cada um sucede.

Caso Prático 24

Tema: Sucessão dos descendentes; transmissão do direito de suceder

Heitor é autor da sucessão. Heitor é pai de Pedro que é pai de Berta. Heitor é filho de Alberto e tem um irmão, Gonçalo. Além de Pedro, Heitor tem outro filho, Mário. Descreva passo a passo a sucessão de Heitor, considerando que Pedro morre sem ter aceitado nem repudiado a sucessão, que Alberto é pré-falecido e que Berta repudia. Indique a quota em que eventualmente sucedem os sucessores.

Caso Prático 25

Tema: Sucessão dos descendentes; transmissão do direito de suceder; sucessão testamentária

Artur é autor da sucessão. Artur é pai de Tiago e avô de Selma. Artur é filho de Bernardo e de Liliana. Bernardo é filho de Carolina. Bernardo e Liliana têm outro filho, Daniel. Descreva passo a passo a sucessão de Artur, considerando ainda que: a) Artur institui Hilário como herdeiro de um quarto do seu património hereditário; b) Artur institui Liliana como herdeira de metade da sua quota disponível; c) Tiago não aceita nem repudia e morre. Indique as quotas em que cada um sucede.

Caso Prático 26

Tema: Sucessão dos descendentes; direito de representação

Adriano é autor da sucessão. Sobrevive-lhe o pai, João. Adriano é casado com Fabíola de quem tem duas filhas, Vanessa e Lina. Lina tem um filho, Bento. Descreva passo a passo a sucessão de Adriano, considerando que Fabíola é pré-falecida, e Lina repudia. Indique as quotas.

Caso Prático 27

Tema: Sucessão dos descendentes; direito de acrescer na sucessão legal

Hilário é autor da sucessão. Hilário é filho de João e neto de Natércia. João tem mais dois filhos, irmãos consanguíneos de Hilário, Luísa e Fábio. Hilário é casado com Dália. Hilário e Dália têm três filhas, Ludovina, Vânia e Carolina. Carolina tem uma filha, Teresa. Descreva passo a passo a sucessão de Hilário, considerando que João e Dália são pré-falecidos e que Carolina e Ludovina repudiam. Indique as quotas.

Caso Prático 28

Tema: Sucessão dos descendentes; direito de representação; direito de acrescer na sucessão legal

Mário é autor da sucessão. Mário é pai de Bernarda que é mãe de Diogo. Mário é também pai de Celso. Celso tem três filhos, Antónia, Hilário e José. Indique passo a passo a sucessão de Mário, considerando que Bernarda é pré-falecida e que Celso e José repudiam.

Caso Prático 29

Tema: Sucessão dos descendentes; substituição fideicomissária

Pedro é autor da sucessão. Pedro tem três filhos, João, Maria e Helga. Institui Rui como herdeiro na quota disponível da sua herança; mais determina que Rui tem o encargo de conservar o património hereditário para que ele reverta, por morte deste, para Túlio. Descreva a sucessão de Pedro, considerando também que: a) à data da sua morte, o seu património é de 1800 UC e que este quer beneficiar Helga em 300 UC em relação aos irmãos; b) Rui repudia a sucessão.

Caso Prático 30

Tema: Sucessão dos descendentes; direito de representação; liberalidades inoficiosas; sucessão testamentária

Carlos é o *de cujus*. Carlos é pai de Diana e avô de Pedro; Carlos é filho de Bento que é filho de António. António tem três filhos: a) Bento que é pai de Carlos e avô de Diana; b) Eduardo, irmão de Bento, que tem um filho Francisco; e c) Guilherme, também irmão de Bento, que é pai de Hilário. Bento, Guilherme e Eduardo são pré-falecidos em relação a Carlos, e Diana repudia a sucessão. Carlos institui Nelson como seu herdeiro universal. Descreva passo a passo a sucessão de Carlos, desenhando por ordem de prioridades todo o seu mapa de sucessíveis. Indique as quotas.

Caso Prático 31

Tema: Sucessão dos descendentes; liberalidades inoficiosas; direito de acrescer entre herdeiros

Bento é autor da sucessão. Bento é filho de Carlos e irmão de Diogo e Eduardo. Bento é pai de João e de Isaac. Descreva passo a passo a sucessão de Bento, considerando também que este institui Fernando, Gonçalo e Helga como seus herdeiros universais e que João e Helga repudiam. Indique as quotas.

Caso Prático 32

Tema: Sucessão dos descendentes; direito de representação; liberalidades inoficiosas; direito de acrescer entre herdeiros testamentários

Aurora é autora da sucessão. Benilde é filha de Aurora. Benilde tem uma filha, Francisca. Aurora institui como sucessores testamentários, Carlos,

João e Eduardo. João tem uma filha, Gina. Benilde e Eduardo repudiam. João é pré-falecido. Descreva passo a passo a sucessão de Aurora.

Caso Prático 33

Tema: Sucessão dos descendentes; direito de representação; incapacidade por indignidade; transmissão do direito de suceder; substituição fideicomissária

António é autor da sucessão. António é filho de Maria e neto de Gina. Maria tem outros dois filhos, irmãos de António, Ester e Salomão. António tem dois filhos, Olga e Nuno. Olga tem dois filhos, Luís e Rui. Rui tem três filhos, Simão, Túlio e Ulpiano. António institui como fiduciário Pedro, em metade da herança, sendo fideicomissária Teresa. Descreva, passo a passo, a sucessão de António, considerando ainda que: a) Maria e Nuno são pré-falecidos; b) Pedro é indigno em relação a António; c) Rui não aceita nem repudia e morre; d) Olga repudia; e) Simão é indigno em relação a Rui.

Caso Prático 34

Tema: Sucessão dos descendentes; incapacidade por indignidade; direito de representação; liberalidades inoficiosas; substituição fideicomissária

Bento é autor da sucessão. Bento é pai de Carla e de Diogo. Carla é mãe de Eduarda e Felismina. Diogo é pai de Gonçalo e de Hermengarda. Hermengarda é mãe de Isabel, Joaquina e Liana. Descreva passo a passo a sucessão de Bento, considerando ainda que: a) Bento também institui Luís como fiduciário e Manuel como fideicomissário na totalidade da herança; b) Manuel é indigno em relação a Bento; c) Diogo é indigno em relação a Bento; d) Carla e Hermengarda repudiam; e) Isabel é indigna em relação a Hermengarda. Indique a quota em que cada um sucede.

Caso Prático 35

Tema: Sucessão do cônjuge e ascendentes

Abílio é o *de cujus*. Abílio é casado com Bernarda e tem dois filhos, Carlos e Diana. Antes da abertura da sucessão, Carlos morre num acidente de viação. Diana repudia. Abílio é filho de Eduardo que lhe sobrevive. Defina passo a passo a sucessão de Abílio, indicando a quota em que eventualmente sucedem os restantes.

Caso Prático 36

Tema: Sucessão do cônjuge e ascendentes; direito de acrescer na sucessão legal

Gonçalo é autor da sucessão. É casado com Luísa que lhe sobrevive. É filho de Diogo e tem dois irmãos, Simão e Zélia. Descreva passo a passo a sucessão de Alberto, considerando que Luísa repudia a sucessão.

Caso Prático 37

Tema: Sucessão do cônjuge e ascendentes

Alzira é autora da sucessão. Alzira é casada com Luís. Alzira é filha de Joana que é filha de Horácio. Horácio tem outros dois filhos além de Joana, que são Iago e Pedro. Iago tem um filho, Manuel, e Pedro tem um filho, Tomás. Descreva passo a passo a sucessão de Alzira, considerando que Joana é pré-falecida, que Iago é indigno em relação a Alzira e que Pedro é indigno em relação a Horácio. Indique as quotas.

Caso Prático 38

Tema: Sucessão do cônjuge e ascendentes; sucessão testamentária

Amílcar é autor da sucessão. Amílcar é casado com Fabíola e filho de Bernarda e de Camilo. Bernarda é filha de Diógenes, e Camilo é filho de Etelvina. Descreva passo a passo a sucessão de Amílcar, considerando também que: a) o património hereditário é de 900 UC; b) Bernarda é pré-falecida e Camilo repudia; c) em testamento, Amílcar institui Heitor, Isabel e Joana como herdeiros de 300 UC, determinando que Heitor seja beneficiado em 150 UC em relação aos outros dois. Indique os valores em que cada um sucede.

Caso Prático 39

Tema: Sucessão do cônjuge e ascendentes; liberalidades inoficiosas

Alberto é autor da sucessão. É casado com Deolinda e ambos são pais de Carlos. Alberto é filho de Blimunda, que é casada com Eduardo, e de um ex-marido desta, Firmino. Descreva passo a passo a sucessão de Alberto, considerando também que: a) este institui Gonçalo como seu herdeiro universal; b) Carlos repudia. Indique as quotas em que cada um sucede.

Caso Prático 40

Tema: Sucessão do cônjuge e ascendentes; direito de acrescer; liberalidades inoficiosas

Gonçalina é autora da sucessão. Gonçalina é casada com Álvaro. Gonçalina é filha de Catarina e João. Catarina é filha de Vasco e Fernanda. Catarina tem três outros filhos, além de Gonçalina, que são Nádia, Luís e Kevin, frutos de um anterior casamento de Catarina com Xavier. Descreva, passo a passo e fundamentando sempre, a sucessão de Gonçalina, considerando ainda que: a) o património hereditário de Gonçalina é de 900 UC; b) João e Fernanda repudiam; c) Vasco é pré-falecido; d) Gonçalina institui Nádia e Kevin como herdeiros conjuntos da totalidade da herança, especificando que Nádia deverá receber o dobro de Kevin. Indique os valores em que cada um sucede.

Caso Prático 41

Tema: Sucessão do cônjuge e ascendentes; direito de acrescer; sucessão testamentária

José é autor da sucessão. José é casado com Luísa e filho de Tomás e Vitória. José institui Manuel, Nuno e Orlando como herdeiros da sua quota disponível, determinando que Manuel deve receber mais 3000 UC que os seus co-herdeiros testamentários. Descreva passo a passo a sucessão de José, considerando ainda que: a) o património hereditário é de 1800 UC; b) Vitória repudia. Indiquc o valor em que cada um sucede.

Caso Prático 42

Tema: Sucessão do cônjuge e ascendentes; incapacidade por indignidade; sucessão testamentária

Esmeralda é autora da sucessão. Esmeralda é casada com Filipa e é filha de Rui e Susana. Os pais de Esmeralda têm outro filho, Vasco. Descreva passo a passo a sucessão por morte de Esmeralda, considerando ainda que: a) o património hereditário é de 4000UC; b) Esmeralda nomeia co-legatários de uma casa sua, que vale 1000UC, Paula e Quitério, em testamento que Filipa depois queimou; c) Susana repudia e Rui é pré-falecido. Indique as quotas em que cada um sucede.

Caso Prático 43

Tema: Sucessão do cônjuge e ascendentes; liberalidades inoficiosas; substituição direta

António é autor da sucessão. António é casado com Berta e é filho de Carlos e neto de Diogo, que é casado com Eduarda que é também avó de António. António fez testamento em que institui como seu herdeiro universal Fernando, pai de Hilário, e como substituto deste Gonçalo. Descreva, passo a passo, a sucessão de António, considerando também que todos os indicados lhe sobrevivem, excepto Carlos que é pré-falecido, e que Fernando repudia. Indique as quotas em que cada um sucede.

Caso Prático 44

Tema: Sucessão do cônjuge e ascendentes; direito de acrescer; liberalidades inoficiosas; substituição direta

Amílcar é autor da sucessão. Amílcar é casado com Etelvina. Amílcar é filho de Berta, casada com Celso, e do ex-marido desta, Dionísio que é filho de Firmino. Amílcar institui como seu herdeiro universal Germano, pai de Helga, que, caso não possa ou não queira aceitar, deve ser substituído por Isabel. Descreva passo a passo a sucessão de Amílcar, considerando que todos os referidos lhe sobrevivem e que Dionísio e Germano repudiam. Indique as quotas.

Caso Prático 45

Tema: Sucessão do cônjuge e ascendentes; liberalidades inoficiosas; substituição fideicomissária

Abel é autor da sucessão. Abel é casado com Marta, com quem tem um filho, Zebedeu. Abel é filho de Berta e de Diogo. Berta é casada com Carlos.

Diogo é filho de Fernando. Abel institui Gonçalo, pai de Manuel, como fiduciário da totalidade do seu património hereditário; o fideicomissário é Hugo, pai de Nádia. Descreva passo a passo a sucessão de Abel, considerando ainda que Diogo e Hugo repudiam e que Zebedeu morreu antes de Abel. Indique as quotas em que cada um sucede.

Caso Prático 46

Tema: Sucessão do cônjuge e ascendentes; incapacidade por indignidade; substituição fideicomissária

Adalberto é autor da sucessão. Adalberto é casado com Berta e filho de Carlos e Eduarda. Carlos é casado com Diana e é filho de Felismino. Adalberto institui como seu herdeiro universal Gonçalo, pai de Heitor, como fiduciário e Isabel, como fideicomissária. Descreva passo a passo a sucessão por morte de Adalberto, considerando ainda que: a) Carlos repudia; b) Eduarda e Gonçalo foram condenados como cúmplices do homicídio tentado de Adalberto. Indique as quotas em que cada um sucede.

Caso Prático 47

Tema: Sucessão dos descendentes; liberalidades inoficiosas; incapacidade por indignidade

Carlos é o *de cujus*. Carlos é pai de Diana, avô de Manuela, e filho de Bento que é filho de António. António tem então três filhos: a) Bento, que é pai de Carlos e avô de Diana que é mãe de Manuela; b) Eduardo, irmão de Bento, que tem um filho, Francisco; e c) Guilherme, também irmão de Bento, que é pai de Hilário. Bento é pré-falecido em relação a Carlos, e Guilherme repudia a sucessão. Diogo é indigno em relação a Carlos e Manuela é indigna em relação Diogo. Descreva passo a passo a sucessão de Carlos, desenhando por ordem de prioridades todo o seu mapa de sucessíveis, considerando também que Carlos havia instituído Lucas como seu herdeiro universal. Indique as quotas em que cada um sucede.

Caso Prático 48

Tema: Sucessão dos ascendentes; liberalidades inoficiosas; transmissão do direito de suceder

Manuel é autor da sucessão. Manuel é filho de Álvaro e neto de Luís. Manuel tem um irmão, Cândido e um filho, Tiago. Tiago tem um filho, Saúl. Descreva passo a passo a sucessão por morte de Manuel, considerando que este institui por testamento Heitor como seu herdeiro universal, que Tiago morre sem ter aceitado nem repudiado a sucessão, Saúl repudia e Álvaro é indigno.

Caso Prático 49

Tema: Sucessão do cônjuge

Heitor é o *de cujus*. Heitor é filho de Guilherme e irmão de Fernando e de Glória. Heitor tem um filho, Pedro e é casado com Zulmira. Descreva passo a passo a sucessão de Heitor, considerando que Guilherme e Pedro são pré-falecidos.

Caso Prático 50

Tema: Sucessão do cônjuge

Heitor é o *de cujus*. Heitor, que é casado com Petúnia, é filho de Gonçalo e neto de João. Gonçalo é casado com Mariana. Gonçalo tem mais dois filhos, Xavier que é irmão consanguíneo de Heitor, e Zélia que é irmã germana daquele. Zélia tem um filho, Simão. Descreva passo a passo a sucessão de Heitor, considerando que Gonçalo é pré-falecido e que João e Zélia repudiam. Indique as quotas.

Caso Prático 51

Tema: Sucessão de irmãos e seus descendentes; direito de acrescer

Homero é autor da sucessão. Homero é filho de Jaime. Jaime tem mais dois filhos, irmãos consanguíneos de Homero, Lina e Fernando. Homero é casado com Dalila. Homero e Dalila têm dois filhos, Vasco e Carlos. Descreva passo a passo a sucessão de Homero, considerando que Jaime e Dalila são pré-falecidos e que Vasco e Carlos repudiam.

Caso Prático 52

Tema: Sucessão de irmãos e seus descendentes

Idália é autora da sucessão. Idália é filha de Heitor. Idália é irmã de Paulo, de Amílcar e de Francisco. Idália é tia de Simão e Guilherme, filhos de Amílcar, e de João, filho de Paulo. Descreva passo a passo a sucessão de Idália, considerando que Heitor, Francisco e Amílcar são pré-falecidos e que Paulo repudia. Indique as quotas.

Caso Prático 53

Tema: Sucessão de irmãos e seus descendentes; direito de representação; direito de acrescer

Alda é autora da sucessão. Alda é filha de Nelson. Alda tem dois irmãos, Bento e Francisca. Francisca tem um filho, Carlos, e Bento tem dois filhos, Luís e Diogo. Descreva passo a passo a sucessão de Alda, considerando que Nelson e Francisca são pré-falecidos e que Bento e Luís repudiam. Indique as quotas.

Caso Prático 54

Tema: Sucessão de irmãos e seus descendentes; sucessão por estirpes

Albano é autor da sucessão. Albano é filho de Bonifácio. Bonifácio tem outros dois filhos, Casimiro e Dário. Dário tem duas filhas, Fernanda e Gisela. Gisela tem dois filhos, Horácio e Isabel. Descreva passo a passo a sucessão de Albano, considerando que Bonifácio e Gisela são pré-falecidos e Dário repudia. Indique as quotas que pertencem a cada um dos sucessíveis.

Caso Prático 55

Tema: Sucessão de irmãos e seus descendentes; transmissão do direito de suceder

Blimunda é autora da sucessão. Blimunda é mãe de Patrocínio que é pai de Xavier. Blimunda é filha de Alberto. Além de Blimunda, Alberto tem outro filho, Carlos. Descreva passo a passo a sucessão de Blimunda, considerando que Patrocínio morre sem ter aceitado nem repudiado a sucessão, que Alberto é pré-falecido e que Xavier repudia. Indique a quota em que eventualmente sucedem os restantes.

Caso Prático 56

Tema: Sucessão de irmãos e seus descendentes; irmãos germanos e unilaterais

Nuno é autor da sucessão. Nuno é filho de Alberto e Bernarda, pré-falecidos. Alberto e Bernarda têm outro filho, Manuel. Alberto e Diana têm dois filhos, Rui e Sara. Bernarda e Carlos têm um filho, Paulo. Descreva passo a passo a sucessão de Nuno, considerando ainda que: a) o património hereditário é de 1200 UC; b) Sara repudia. Indique o valor em que cada um sucede.

Caso Prático 57

Tema: Sucessão de irmãos e seus descendentes; irmãos germanos e unilaterais

Petúnia é autora da sucessão. O património hereditário é de 1200 UC, sendo Helda, irmã de Petúnia, instituída como herdeira por testamento em quota de metade da herança. Petúnia é filha de Nelson e de Isabel. Nelson e Isabel têm dois outros filhos, irmãos de Petúnia, Simão e Helda. Nelson tem dois outros filhos, Paulo e Miguel, filhos também de Hilária. Descreva passo a passo a sucessão de Petúnia, considerando ainda que Nelson repudia e Isabel é pré-falecida. Indique os valores em que cada um sucede.

Caso Prático 58

Tema: Sucessão de irmãos e seus descendentes; irmãos germanos e unilaterais

Mário é autor da sucessão. Mário é filho de Nuno. Mário tem quatro irmãos: Octávia e Simão, que é pai de Guilherme, irmãos germanos de Mário; Paulo, irmão consanguíneo do *de cujus*; e Rui, irmão uterino do mesmo. Descreva passo a passo a sucessão de Mário, considerando ainda que o património hereditário é de 1000 UC, que Nuno é pré-falecido e que Rui e Simão repudiam.

Caso Prático 59

Tema: Sucessão de irmãos e seus descendentes; irmãos germanos e unilaterais

Pedro é autor da sucessão. Pedro é filho de Guilherme e neto de João. Pedro tem dois irmãos, Maria, que é sua irmã consanguínea e Zélia, que é sua irmã germana. Descreva passo a passo a sucessão por morte de Pedro, considerando que Guilherme é pré-falecido e que João repudia. O património hereditário é de 3000 UC.

Caso Prático 60

Tema: Sucessão de irmãos e seus descendentes; irmãos germanos e unilaterais; sucessão testamentária; pré-legado

Pedro é autor da sucessão. Pedro é filho de Domitília e de Carlos. Domitília e Carlos têm outro filho, Ilídio. Domitília é casada com Eduardo, com quem tem um filho, Fernando. Carlos é casado com Hilária, com quem tem uma filha, Graça. Descreva, passo a passo, a sucessão de Pedro, considerando ainda que: a) o património hereditário é de 36000 UC; b) Pedro institui Jaime, Luísa e Maria como co-herdeiros de metade da herança, determinado que Jaime deve ser beneficiado em 3000 UC em relação aos dois outros co-herdeiros testamentários; c) Carlos é pré-falecido e Domitília e Graça repudiam. Indique os valores em que cada um sucede.

Caso Prático 61

Tema: Sucessão de outros colaterais até ao 4º grau

Carlos é o *de cujus*. Carlos é pai de Diana e filho de Bento que é filho de António. António tem então três filhos: a) Bento que é pai de Carlos e avô de Diana; b) Eduardo, irmão de Bento, que tem um filho Francisco; e c) Guilherme, também irmão de Bento, que é pai de Hilário. Bento, António e Eduardo são pré-falecidos em relação a Carlos, e Guilherme e Diana repudiam a sucessão. Descreva passo a passo a sucessão de Carlos, desenhando por ordem de prioridades todo o seu mapa de sucessíveis.

Caso Prático 62

Tema: Sucessão de outros colaterais até ao 4º grau; transmissão do direito de suceder

Abílio é o *de cujus*. Abílio é filho de João que é filho de Heitor. Heitor tem mais dois filhos, Inácio e Diogo. Inácio é pai de Wagner, e Diogo pai de Yasmin. Descreva passo a passo a sucessão por morte de Abílio, considerando também que: a) Inácio não aceita nem repudia a sucessão e morre; b) Diogo é indigno em relação ao seu pai; c) João e Heitor são pré-falecidos. Indique as quotas.

Caso Prático 63

Tema: Sucessão de irmãos e seus descendentes; direito de representação

Abílio é autor da sucessão. É filho de Bernarda. Bernarda tem dois outros filhos: Celso e Diana, irmãos de Abílio. Diana tem três filhos: Fernando, José e Guilherme. Descreva passo a passo a sucessão por morte de Abílio, considerando também que: a) Bernarda e Guilherme são pré-falecidos; b) Diana repudia a sucessão. Indique as quotas que caberão a cada um dos sucessores.

Caso Prático 64

Tema: Sucessão de outros colaterais até ao 4º grau; transmissão do direito de suceder; deserdação; direito de representação; direito de acrescer

António é o *de cujus*. António é filho de Joana que é filha de Horácio. Horácio tem mais dois filhos, Inácio e Dário. Inácio é pai de Wilson, e Dário pai de Teresa. Wilson tem três filhos, Carlos, Fernando e Jaime. Descreva passo a passo a sucessão por morte de António, considerando também que: a) Inácio não aceita nem repudia a sucessão e morre; b) Dário é deserdado;

c) Joana e Horácio são pré-falecidos; d) Wilson e Carlos repudiam. Indique as quotas.

Caso Prático 65

Tema: Sucessão de outros colaterais até ao 4º grau; transmissão do direito de suceder; incapacidade por indignidade

Abílio é o *de cujus*. Abílio é filho de João que é filho de Heitor. Heitor tem mais dois filhos, Inácio e Diogo. Inácio é pai de Wagner e Diogo é pai de Yasmin, de Zuzarte e de Miriam. Descreva passo a passo a sucessão por morte de Abílio, considerando também que: a) Inácio não aceita nem repudia a sucessão e morre; b) Diogo repudia; c) João e Heitor são pré-falecidos; d) Wagner é indigno em relação a Inácio; e) Yasmin é irmã germana de Zuzarte, e Miriam é irmã uterina dos outros dois. Indique as quotas respectivas.

Caso Prático 66

Tema: Sucessão testamentária

Emílio é autor da sucessão. Emílio institui como herdeiros Xavier, Natércia e Mariana. Nos termos da deixa testamentária, pretende que Xavier seja beneficiado em 30 UC em relação aos restantes sucessíveis. Indique as quotas de cada um, considerando que a herança de Emílio vale 150 UC

Caso Prático 67

Tema: Sucessão testamentária; direito de acrescer entre herdeiros testamentários

Aloísio é autor da sucessão. Aloísio é filho de Fátima, pré-falecida, e irmão de Gonçalo. Indique as quotas de cada um dos sucessores, considerando também que: a) Aloísio faz testamento em que dispõe que Bento e Carolina sucederão na compropriedade do prédio x, de valor equivalente a metade da herança; b) Aloísio mais dispõe que Ema sucederá em 1/8 da herança, João em 1/8, Olga em 1/8 e Hermengarda em 1/8. Hermengarda repudia. Bento repudia.

Caso Prático 68

Tema: Sucessão testamentária

António é autor da sucessão. É filho de Blimundo e Creontina, que são casados. Blimundo e Creontina são também pais de Jaime e Genoveva, irmãos de António. Jaime tem dois filhos, Hilária e Ícaro. António institui como seu herdeiro universal Mário. Descreva a sucessão de António, considerando também que Blimundo é pré-falecido e que Creontina e Jaime repudiam.

Caso Prático 69

Tema: Sucessão dos ascendentes; sucessão testamentária; direito de acrescer; pré-legado

Wilson é autor da sucessão. Wilson é filho de Pelágio e irmão de Nelson. Descreva passo a passo a sucessão de Wilson, considerando ainda que: a) o património hereditário é de 12 000UC; b) Wilson institui seus legatários Simoneta, Ricardo e Ulpiano, pretendendo que Ulpiano deva ser beneficiado em 3000UC em relação aos co-legatários; c) Ricardo repudia.

Caso Prático 70

Tema: Sucessão testamentária; substituição fideicomissária; substituição direta; direito de representação

João é autor da sucessão. João institui Mário como fiduciário em 1/4 da herança, sendo Nuno fideicomissário. João mais institui: a) Fernandina como substituta de Luísa em metade da herança; b) Bernarda, Colombina e Diógenes como sucessores, em partes iguais, no remanescente da herança. Mário tem um filho, Wilson. Diógenes tem um filho, Heitor. Descreva, passo a passo e fundamentando sempre, a sucessão de João, considerando ainda que Nuno e Diógenes repudiam e Mário é pré-falecido. Indique as quotas em que cada um sucede.

CASOS PRÁTICOS RESOLVIDOS

Caso Prático 71

Tema: Sucessão legitimária; sucessão do cônjuge e dos descendentes; transmissão do direito de suceder; direito de acrescer

Alberto é autor da sucessão. É casado com Fábia que lhe sobrevive. Sobrevive-lhe também o filho, Bento, e os netos, Nelson, Vasco e Paulo. Descreva passo a passo a sucessão de Alberto, considerando que Bento morre sem ter aceitado nem repudiado a sucessão.

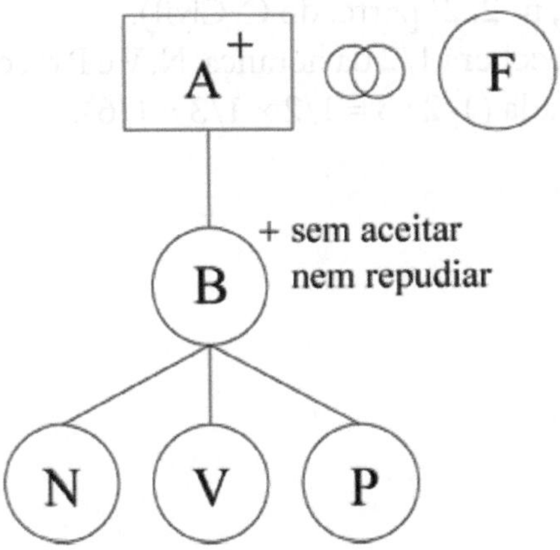

Resolução do Caso:

Por morte de A, abre-se a sua sucessão (artigo 2031º do C. Civil).

Sobrevivem a A a sua mulher, F, o seu filho, B, e os seus netos, N, V e P, filhos de B.

São sucessíveis prioritários de A, todos na 1ª classe sucessória ("cônjuge e descendentes" – artigo 2133º, nº 1, al. a), do C. Civil), F e B. Os restantes descendentes, netos de A, no 2º grau da linha reta, não são chamados simultaneamente ao seu ascendente, B, em obediência à regra da preferência de grau (artigo 2135º do C. Civil): os parentes de grau mais próximo preferem e afastam os de grau mais afastado. A partilha da herança do cônjuge e descendentes faz-se por cabeça ou em partes iguais (artigo 2139º, nº 1, 1ª parte, do C. Civil), cabendo metade da herança a F e a outra metade a B.

No entanto, verifica-se que B morre sem ter aceitado nem repudiado a herança de A. O direito de suceder a A (direito de aceitar ou repudiar a sucessão), que B recebera com a vocação sucessória, transmite-se aos seus herdeiros prioritários, os seus filhos N, V e P (artigo 2058º, nº 1, do C. Civil). Note-se que a herança de que falamos aqui é a herança de B, visto que V, P e N são transmissários do direito de suceder de A, que lhes advém por sucessão do transmitente deste direito de suceder. V, P e N terão de aceitar a herança de B para receberem o direito de suceder a A (cfr. artigo 2058º, nº 2, do C. Civil). Podem repudiar a herança de A, que lhes adviria dc B por transmissão do direito de suceder, ainda que aceitem a herança de B (artigo 2052º, nº 2, 2ª parte, do C. Civil).

Em resumo: F receberá 1/2 da herança; N, V e P receberão 1/3 da parte de B, ou seja, 1/6 cada (1/2 : 3 = 1/2 × 1/3 = 1/6).

Caso Prático 72

Tema: Sucessão do cônjuge e descendentes; comoriência

Hélio é autor da sucessão. Hélio é filho de João, que não lhe sobrevive, e irmão germano de Telma; é também irmão consanguíneo de Luísa e Felismina. Descreva passo a passo a sucessão de Hélio e indique as quotas de cada um dos sucessores, considerando também que: a) Hélio é casado com Deolinda, com quem tem dois filhos, Vasco e Celso; b) Vasco repudia; c) Deolinda morre no mesmo acidente de viação que mata Hélio.

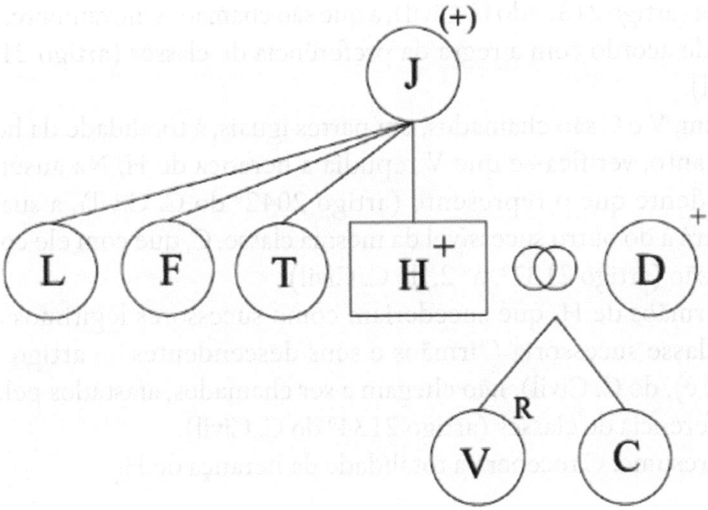

Resolução do Caso:

Por morte de H, abre-se a sua sucessão (artigo 2031º do C. Civil).

Sobrevivem a H os seus filhos, V e C, a sua irmã germana (bilateral), T, e as suas irmãs consanguíneas (unilaterais), L e F. H morre no mesmo acidente de viação que a sua mulher, D, e, caso não seja possível determinar qual deles morreu primeiro e, consequentemente, se algum deles sobrevive ao outro, presume-se a comoriência (ou seja, que ambos morreram simultaneamente – artigo 68º, nº 2, do C. Civil), significando isto que nem H sucede a D nem D sucede a H, por lhes faltar o requisito da sobrevivência um ao outro.

Assim, na ausência de cônjuge sobrevivo, os sucessíveis prioritários de H são os seus filhos, V e C, que ocupam a 1ª classe de sucessíveis ("cônjuge e descendentes" - artigo 2133º, nº 1, al. a), do C. Civil). Aos descendentes de H cabe a legítima, quota indisponível do património hereditário (artigo 2156º do C. Civil). Na ausência de cônjuge sobrevivo, a legítima dos descendentes é de 2/3 da herança (artigo 2159º, nº 2, do C. Civil), dividindo-se por estes em partes iguais (artigos 2157º, *in fine* e 2139º, nº 2, do C. Civil).

Tendo em conta que H não dispôs válida e eficazmente de todos os bens de que podia dispor para depois da sua morte, abre-se a sua sucessão legítima (artigo 2131º do C. Civil), a que são chamados, novamente, os seus filhos, de acordo com a regra da preferência de classes (artigo 2134º do C. Civil).

Assim, V e C são chamados, em partes iguais, à totalidade da herança. No entanto, verifica-se que V repudia a herança de H. Na ausência de descendente que o represente (artigo 2042º do C. Civil), a sua quota acrescerá à do outro sucessível da mesma classe, C, que com ele concorre à sucessão (artigo 2137º, nº 2, do C. Civil).

Os irmãos de H, que sucederiam como sucessores legítimos apenas na 3ª classe sucessória ("irmãos e seus descendentes" - artigo 2133º, nº 1, al. c), do C. Civil), não chegam a ser chamados, afastados pela regra da preferência de classes (artigo 2134º do C. Civil).

Em resumo: C receberá a totalidade da herança de H.

Caso Prático 73

Tema: Sucessão do cônjuge e descendentes; transmissão do direito de suceder; direito de representação

António é autor da sucessão. É casado com Felismina que lhe sobrevive. Sobrevive-lhe também o filho, Bernardo e os netos, Nero, Vítor e Pedro. Nero é irmão germano de Vítor, e Pedro é irmão consanguíneo dos outros dois. Nero é pai de João, e Pedro é pai de Carolina. Descreva passo a passo a sucessão de António, considerando que Bernardo morre sem ter aceitado nem repudiado a sucessão e que Nero repudia. Indique as quotas.

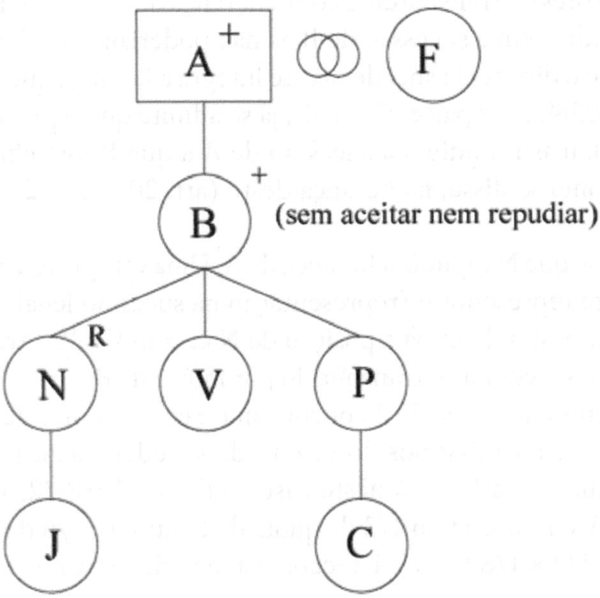

Resolução do Caso:

Por morte de A, abre-se a sua sucessão (art. 2031º C. Civil).

Sobrevivem a A: o seu cônjuge, F; o seu filho, B; três netos, filhos de B, que são N, V e P; o filho de N, J; e o filho de P, C. A não faz testamento ou por outra forma dispõe dos seus bens por morte.

São sucessíveis prioritários de A, todos na 1ª classe sucessória ("cônjuge e descendentes" - art. 2133º, nº 1, al. a), do C. Civil), F e B. Os restantes descendentes, netos e bisnetos de A, respetivamente no 2º e 3º graus da linha reta, não são chamados simultaneamente ao seu ascendente, B, em obediência à regra da preferência de grau (art. 2135º do C. Civil): os parentes de grau mais próximo preferem e afastam os de grau mais afastado. A repartição entre cônjuge e filho faz-se por cabeça ou em partes iguais (art. 2139º, nº 1, 1ª parte, C. Civil), cabendo 1/2 da herança a F e a outra metade a B.

Verifica-se que B morre sem ter aceitado nem repudiado a herança. O direito de suceder a A (direito de aceitar ou repudiar a sucessão), que B recebera com a vocação sucessória, transmite-se aos seus herdeiros prioritários, N, V e P (art. 2058º, nº 1, do C. Civil). Este direito é recebido pelos sucessores do transmitente com a herança deste; se, por hipótese, N, V ou P repudiassem a sucessão de B, já não poderiam escolher suceder a A, posto que o direito de suceder a este integra a herança que receberiam de B (art. 2058º/2, 1ª parte, C. Civil); já se admite que N, V ou P aceitem suceder a B, mas repudiem a sucessão de A a que B fora chamado, que recebem, como se disse, na herança deste (art. 2058º, nº 2, 2ª parte, do C. Civil).

Verifica-se que N repudia a herança de A. Uma vez que tem um descendente, J, este representa-o (representação na sucessão legal - art. 2042º do C. Civil). Assim, J ocupa a posição de N e, com V e P, é transmissário do direito de suceder a A, transmitido por morte de B.

Em resumo, à sucessão de A concorrem F e os sucessores de B (J, V e P), estes últimos transmissários do direito de suceder que a B cabia. Se a aceitarem suceder a B (e só neste caso - cfr. art. 2058º/2, 1ª parte, do C. Civil), J, V e P receberão 1/3 da quota de B, ou seja, 1/6 da herança de A ($1/2 : 3 = 1/2 \times 1/3 = 1/6$). F receberá a metade restante.

Caso Prático 74

Tema: Sucessão do cônjuge e descendentes; direito de representação; liberalidades inoficiosas

Adelaide é autora da sucessão. Adelaide é casada com Berta. Adelaide e o seu ex-marido, Carlos, têm um filho, Diogo. Diogo tem três filhos, Maria, Natércia e Orlando. Descreva passo a passo a sucessão de Adelaide, considerando também que esta institui José como herdeiro universal e que Diogo e Orlando repudiam. Indique as quotas.

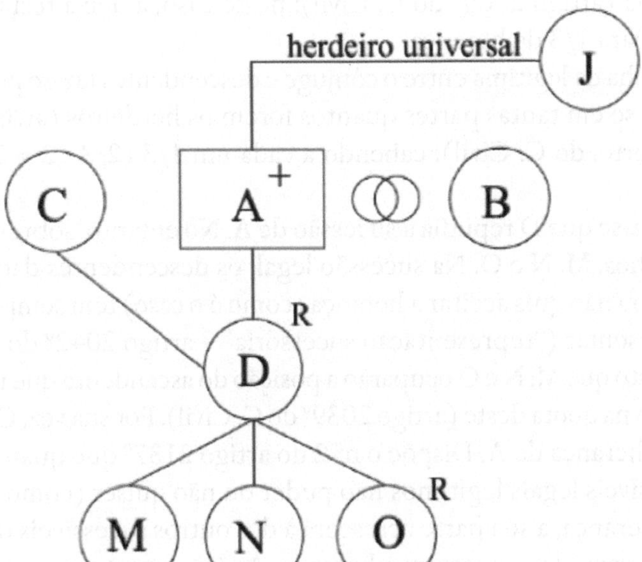

Resolução do Caso:

Por morte de A, abre-se a sua sucessão (artigo 2031º do C. Civil).

Para além de J, instituído por testamento, sobrevivem a A a sua mulher, B, o seu filho, D, e os seus netos, M, N e O, filhos de D.

São sucessíveis prioritários de A, ambos na 1ª classe sucessória ("cônjuge e descendentes" – artigo 2133º, nº 1, al. a), do C. Civil), B e D. Os outros descendentes de A, os seus netos M, N e O, no 2º grau da linha reta, não são chamados simultaneamente com o seu ascendente, D, em obediência à regra da preferência de grau (artigo 2135º do C. Civil): os parentes de grau mais próximo preferem e afastam os de grau mais afastado.

Ao cônjuge e descendentes de A, cabe, como seus herdeiros legitimários (artigo 2157º do C. Civil), a legítima, quota indisponível do património hereditário (artigo 2156º do C. Civil). A legítima do cônjuge e descendentes é, em caso de concurso, de 2/3 da herança (artigo 2159º, nº 1, do C. Civil). A deixa testamentária a favor de J constitui uma liberalidade inoficiosa, na medida em que ofende a legítima dos legitimários, e, consequentemente, pode ser reduzida, a requerimento dos herdeiros legitimários ou dos seus sucessores, em tanto quanto for necessário para que a legítima seja preenchida (artigo 2169º do C. Civil): neste caso, a deixa testamentária reduz-se para 1/3 da herança.

A partilha da legítima entre o cônjuge e descendentes faz-se por cabeça, dividindo-se em tantas partes quantos forem os herdeiros (artigo 2139º, nº 1, 1ª parte, do C. Civil), cabendo a cada um 1/3 ($2/3 : 2 = 2/3 \times 1/2 = 1/3$).

Verifica-se que D repudia a sucessão de A. No entanto, sobrevivem a D os seus filhos, M, N e O. Na sucessão legal, os descendentes daquele que não pôde ou não quis aceitar a herança (como é o caso) têm sempre direito de o representar ("representação sucessória" – artigo 2042º do C. Civil). Significa isto que M, N e O ocuparão a posição do ascendente que repudiou, sucedendo na quota deste (artigo 2039º do C. Civil). Por sua vez, O também repudia a herança de A. Dispõe o nº 2 do artigo 2137º que quando algum dos sucessíveis legais legítimos não puder ou não quiser (como é o caso) aceitar a herança, a sua parte acrescerá à dos outros sucessíveis da mesma classe que com ele concorram à herança. Assim, a quota que pertenceria a D deve ser dividida entre M e N e O, cabendo 1/9 da herança a cada um ($1/3 : 3 = 1/3 \times 1/3 = 1/9$).

Já que O repudia, a sua porção acrescerá à dos outros sucessíveis da mesma classe que concorram à sucessão, *i.e.*, M, N e B. Assim, M receberá 1/9 da herança de A ($1/3 : 3 = 1/9$) a que acrescerá 1/3 da quota de O ($1/3 \times 1/9 = 1/27$), totalizando 4/27 ($1/9 + 1/27 = 3/27 + 1/27 = 4/27$). N receberá, seguindo o mesmo raciocínio, outros 4/27 da herança de A. Já B receberá 10/27 da herança ($1/3 + 1/27 = 9/27 + 1/27 = 10/27$).

Em resumo: J receberá 1/3 da herança; B receberá 10/27; M receberá 4/27; N receberá 4/27.

Caso Prático 75

Tema: Sucessão do cônjuge e descendentes; direito de representação; liberalidades inoficiosas; direito de acrescer

Miguel é autor da sucessão. Miguel é casado com Neide e é pai de Bernarda que é mãe de Diogo. Miguel é também pai de Celso. Celso tem três filhos, Antónia, Heitor e José. Indique passo a passo a sucessão de Miguel, considerando que Bernarda é pré-falecida, que Celso repudia e que Miguel instituiu Luís como seu herdeiro universal. Indique as quotas.

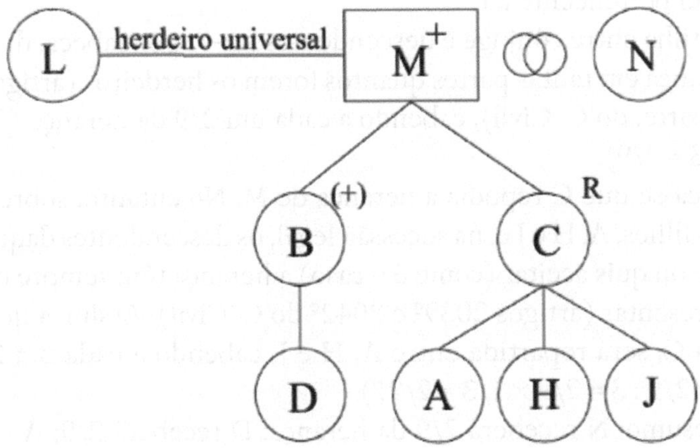

Resolução do Caso:

Por morte de M, abre-se a sua sucessão (artigo 2031º do C. Civil).

Para além de L, instituído por testamento, sobrevivem a M a sua mulher, N, o seu filho, C, e os seus netos, D, filho de B (pré-falecido) e A, H e J, filhos de C.

O cônjuge e todos os descendentes de M (filhos e netos) são seus herdeiros legitimários (artigo 2157º do C. Civil), cabendo-lhes uma quota indisponível do património hereditário, a legítima (artigo 2156º do C. Civil). Verifica-se que M institui L como seu herdeiro universal. Esta deixa constitui uma liberalidade inoficiosa, posto que ofende a legítima dos herdeiros legitimários (artigo 2168º do C. Civil). Esta liberalidade pode ser reduzida a requerimento dos herdeiros legitimários, em tanto quanto for necessário para que a legítima seja preenchida (artigo 2169º do C. Civil). A deixa a L reduz-se, assim, para 1/3 da herança.

O cônjuge e descendentes de A são os seus sucessíveis prioritários, ocupando a 1ª classe sucessória ("cônjuge e descendentes" - artigo 2133º, nº 1, al. a), do C. Civil). Se B fosse vivo, este seria chamado à sucessão juntamente com C e N. No entanto, como este é pré-falecido à data da abertura da sucessão, é chamado, em sua representação, o seu descendente, D (artigo 2042º do C. Civil).

A legítima do cônjuge e descendentes é, em caso de concurso, de 2/3 da herança (artigo 2159º, nº 1, do C. Civil), restando 1/3 a título de quota disponível pertencente a L.

A partilha entre cônjuge e descendentes faz-se por cabeça, dividindo-se a herança em tantas partes quantos forem os herdeiros (artigo 2139º, nº 1, 1ª parte, do C. Civil), cabendo a cada um 2/9 da herança ($2/3 : 3 = 2/3 \times 1/3 = 2/9$).

Verifica-se que C repudia a herança de M. No entanto, sobrevivem a C os seus filhos, A, H e J e, na sucessão legal, os descendentes daquele que não pôde ou quis aceitar (como é o caso) a herança têm sempre o direito de o representar (artigos 2039º e 2042º do C. Civil). Assim, a quota que caberia a C, será repartida entre A, H e J, cabendo a cada um 2/27 da herança ($2/9 : 3 = 2/9 \times 1/3 = 2/27$).

Em resumo: N receberá 2/9 da herança; D receberá 2/9; A receberá 2/27; H receberá 2/27; J receberá 2/27; L receberá 1/3.

Caso Prático 76

Tema: Sucessão do cônjuge e descendentes; transmissão do direito de suceder; incapacidade por indignidade

Bernardo é autor da sucessão. Bernardo é filho de Alberto que é pré-falecido. Bernardo tem um irmão Carlos e é casado com Hilária com quem tem um filho Tiago. Tiago tem um filho, Saul. Descreva passo a passo a sucessão por morte de Bernardo, considerando que Tiago morre sem ter aceitado nem repudiado a sucessão de Bernardo e que Saul é indigno em relação a Tiago.

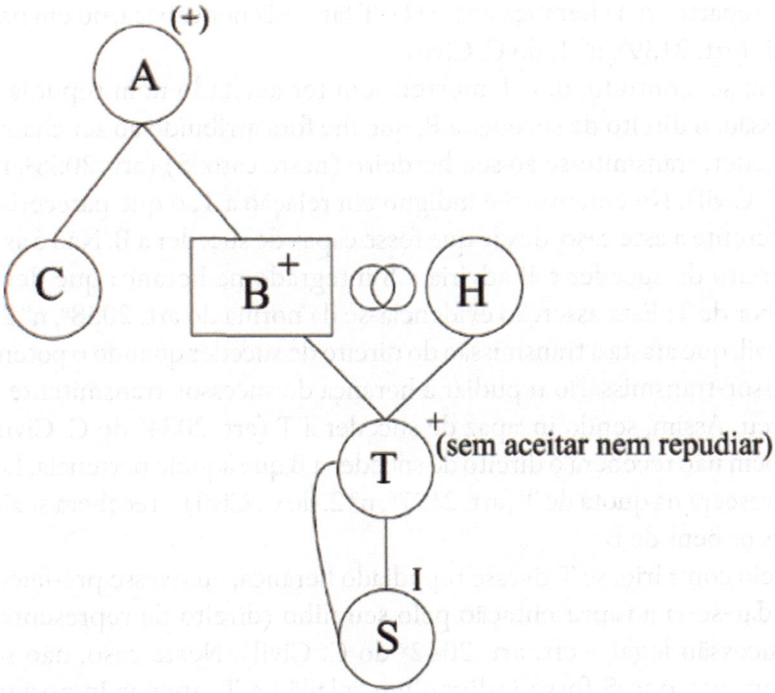

Resolução do Caso:

Por morte de B, abre-se a sua sucessão (art. 2031º do C. Civil).

Sobrevivem a B o seu cônjuge, H, o seu filho, T, o seu neto, S e o seu irmão, C (o seu pai, A, é pré-falecido).

Os sucessíveis prioritários de B são o seu cônjuge, H, e os seus descendentes, T e S (art. 2133º, nº 1, al. a), do C. Civil), preferindo entre estes últimos o de grau mais próximo, T (art. 2135º do C. Civil). Estes seriam chamados como sucessíveis legais legitimários (art. 2157º do C. Civil), a quem caberia a legítima, quota indisponível do património hereditário (art. 2156º do C. Civil). A legítima de cônjuge e descendentes, em caso de concurso como aqui, é de 2/3 da herança.

Visto que B não dispôs do seu património por morte (por testamento, por exemplo), abrir-se-ia a sua sucessão legítima quanto ao 1/3 remanescente do património hereditário (art. 2131º do C. Civil), voltando a ser chamados cônjuge e descendente na 1ª classe sucessória (art. 2133º, nº 1, al. a), do C. Civil).

A repartição da herança entre H e T far-se-ia por cabeça, ou em partes iguais (art. 2139º, nº 1, do C. Civil).

Diz-se, contudo, que T morreu sem ter aceitado nem repudiado a sucessão: o direito de suceder a B, que lhe fora atribuído ao ser chamado a suceder, transmite-se ao seu herdeiro (neste caso, S) (art. 2058º, nº 1, do C. Civil). No entanto, S é indigno em relação a T, o que pareceria ser indiferente a este caso, desde que fosse capaz de suceder a B. Não é assim. O direito de suceder a B adviria a S integrado na herança que deveria receber de T. Esta asserção evidencia-se da norma do art. 2058º, nº 2, do C. Civil, que afasta a transmissão do direito de suceder quando o potencial sucessor-transmissário repudiar a herança do sucessor-transmitente que faleceu. Assim, sendo incapaz de suceder a T (art. 2034º do C. Civil), S também não receberá o direito de suceder a B que àquele pertencia. Logo, H acrescerá na quota de T (art. 2137º, nº 2, do C. Civil) e receberá sozinho todos os bens de B.

Pelo contrário, se T tivesse repudiado herança, ou tivesse pré-falecido a B, dar-se-ia a representação pelo seu filho (direito de representação na sucessão legal – cfr. art. 2042º do C. Civil). Neste caso, não seria importante que S fosse indigno em relação a T, apenas importando que o fosse em relação ao *de cujus*, B, a cuja sucessão seria indiretamente chamado por representação (vocação indireta) (cfr. art. 2043º do C. Civil).

Isto é assim, porque, no caso de haver transmissão do direito de suceder, este direito é adquirido primeiro pelo sucessor-transmitente (neste caso, T) e, por morte deste, transmite-se *com a sua herança* aos seus sucessores (neste caso, S); S tem, pois, de ser capaz de suceder a T para que possa receber deste o direito de suceder a B. No caso de haver representação, tudo se passaria como se T desaparecesse do mapa sucessório por efeito do repúdio (art. 2062º do C. Civil), ou nunca lá tivesse estado (pré-falecimento) e S sucederia a B como se T nunca tivesse constado de tal mapa (art. 2043º C. Civil): haveria só um fenómeno sucessório, a sucessão a B, pela vocação indireta do representante (seria S), sendo o representado (seria T) mera referência dessa vocação indireta; seria, por isso, indiferente que S fosse, ou não, capaz de suceder a T, bastando que pudesse suceder a B [neste sentido, aliás indiscutível, cfr. por todos *Código Civil Anotado – Livro V (Direito das Sucessões)*, coordenado por Cristina Araújo Dias, Coimbra, 2018, comentários *sub* art. 2039º, 2043º e 2058º].

C, integrado na 3ª classe sucessória apenas (art. 2133º, nº 1, al. c), do C. Civil), não chega a ser chamado, obedecendo-se à regra da preferência de classe (art. 2134º do C. Civil).

Em resumo, H é o único herdeiro de B.

Caso Prático 77

Tema: Sucessão do cônjuge e descendentes; incapacidade por indignidade; direito de representação; liberalidades inoficiosas

Abelardo, casado com Felismina, é autor da sucessão. Abelardo é filho de Simão. Abelardo é pai de Bento, Carlos, Diogo e Eduarda. Bento é pai de Rita e Paula. Carlos é pai de Joana. Diogo é pai de Lina. Eduarda é mãe de Maria. Abelardo institui Idália e Heitor como seus herdeiros universais. Descreva passo a passo a sucessão de Abelardo, considerando também que: a) Maria foi condenada por homicídio doloso não consumado de Felismina; b) Bento é indigno em relação a Abelardo; c) Eduarda instituiu Natividade como sua herdeira universal; d) Idália repudia. Indique as quotas em que cada um sucede.

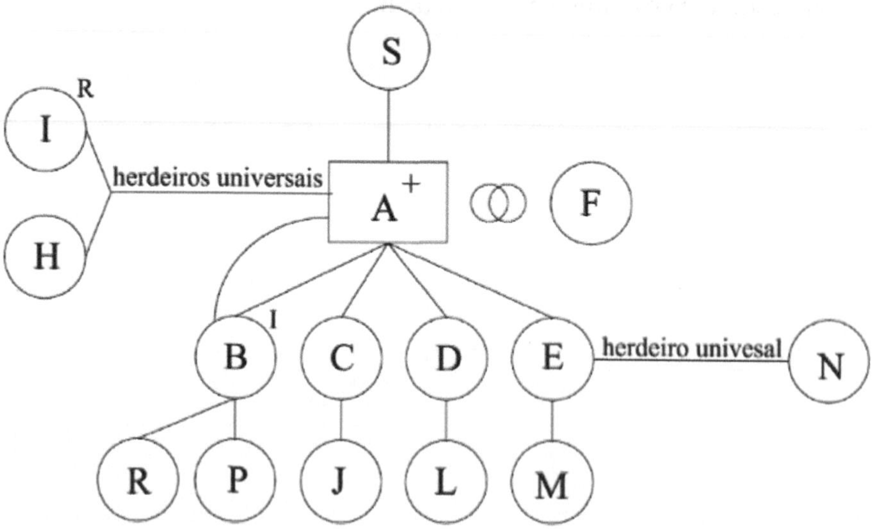

Resolução do Caso:

Por morte de A, abre-se a sua sucessão (artigo 2031º do C. Civil).

Para além de I e H, instituídos por testamento, sobrevivem a A o seu pai, S, a sua mulher, F, os seus filhos, B, C, D e E, e os seus netos, R, P, J, L e M.

S, ascendente, F, cônjuge, e todos os seus descendentes (filhos e netos) são herdeiros legitimários de A (artigo 2157º do C. Civil), cabendo-lhes uma quota indisponível do património hereditário, a legítima (artigo 2156º do C. Civil). Verifica-se que A institui I e H como seus herdeiros universais. Esta deixa constitui uma liberalidade inoficiosa, posto que ofende a legítima dos herdeiros legitimários (artigo 2168º do C. Civil). Esta liberalidade pode ser reduzida a requerimento dos herdeiros legitimários, em tanto quanto for necessário para que a legítima seja preenchida (artigo 2169º do C. Civil). Assim, a quota disponível reduz-se a 1/3 da herança.

Os sucessíveis prioritários de A são o seu cônjuge, F, e os seus descendentes, B, C, D e E, que ocupam o primeiro lugar na 1ª classe de sucessíveis ("cônjuge e descendentes" - artigo 2133º, nº 1, al. a), do C. Civil). O ascendente de A, S, só seria chamado à sucessão, juntamente com o cônjuge de A, caso este não tivesse deixado descendentes, de acordo com a regra da preferência das classes (artigo 2134º do C. Civil). Já os restantes descendentes, netos de A, no 2º grau da linha reta, não são chamados simultaneamente aos seus ascendentes, B, C, D e E, em obediência à regra de preferência de grau (artigo 2135º do C. Civil): os parentes de grau mais próximo preferem e afastam os de grau mais afastado.

A legítima do cônjuge e descendentes é, em caso de concurso, de 2/3 da herança (artigo 2159º, nº 1, do C. Civil), restando, assim, 1/3 da herança para I e H. A partilha entre o cônjuge e descendentes faz-se por cabeça, dividindo-se a herança em tantas partes quantos forem os herdeiros (artigo 2139º, nº 1, 1ª parte, do C. Civil), cabendo, neste caso, 2/15 da herança a cada um ($2/3 : 5 = 2/3 \times 1/5 = 2/15$). No entanto, a quota do cônjuge não pode ser inferior a uma quarta parte (artigo 2139º, nº 1, 2ª parte, do C. Civil), tendo esta direito a 1/6 da herança ($1/4$ de $2/3 = 1/6$). O remanescente da legítima, correspondente a 1/2 da herança ($2/3 - 1/6 = 1/2$) será dividida em partes iguais pelos filhos, cabendo a cada um 1/8 da herança ($1/2 : 4 = 1/2 \times 1/4 = 1/8$).

Verifica-se que B é indigno em relação a A, carecendo de capacidade para lhe suceder. No entanto, sobrevivem-lhe as suas filhas, R e P e, na sucessão legal, os descendentes daquele que não pode (como é o caso) ou não quer aceitar a herança têm sempre direito de o representar. Assim, a quota de B será dividida por R e P, cabendo a cada uma 1/16 da herança de A ($1/8 : 2 = 1/8 \times 1/2 = 1/16$).

Já quanto aos herdeiros instituídos, I e H, verifica-se que I repudia a herança de A. Quando dois ou mais herdeiros forem instituídos na totalidade ou numa quota dos bens do *de cujus* e algum deles não puder ou não quiser (como é o caso) aceitar a herança, a sua parte acrescerá à dos outros herdeiros instituídos (artigo 2301º, nº 1, do C. Civil). Assim, H receberá sozinho 1/3 da herança de A, já que o preceito citado apenas prevê o acrescer dos "instituídos" (herdeiros testamentários), não havendo acrescer dos herdeiros legais (o cônjuge e descendentes, neste caso) sobre a porção dos testamentários.

Em resumo: F receberá 1/6 da herança; C receberá 1/8; D receberá 1/8; E receberá 1/8; R receberá 1/16; P receberá 1/16; e H receberá 1/3.

Caso Prático 78

Tema: Sucessão do cônjuge e descendentes; incapacidade por indignidade; liberalidades inoficiosas

Homero é autor da Sucessão. Homero é filho de Jaime. Jaime tem mais dois filhos, irmãos consanguíneos de Homero, Lina e Fernando. Homero é casado com Dalila. Homero e Dalila têm dois filhos, Vasco e Carlos. Homero institui Bernardo como herdeiro universal. Descreva passo a passo a sucessão de Homero, considerando que Vasco foi condenado pelo homicídio de Lina.

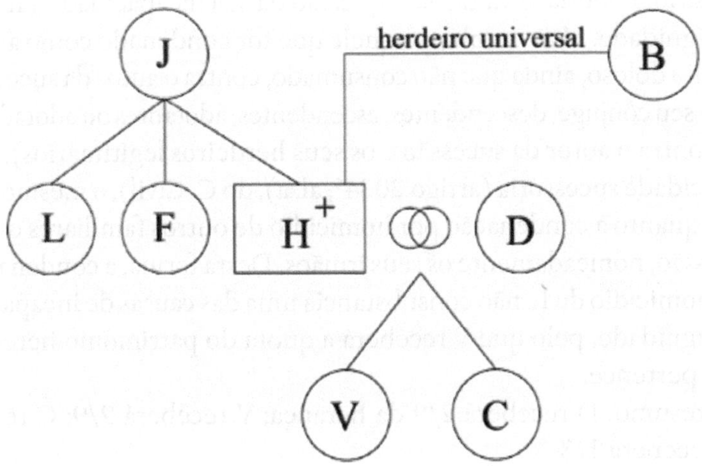

Resolução do Caso:

Por morte de H, abre-se a sua sucessão (artigo 2031º do C. Civil).

Para além de B, instituído por testamento, sobrevivem a H a sua mulher, D, os seus filhos, V e C, o seu pai, J, e os seus irmãos, L e F.

São sucessíveis prioritários de H, todos na 1ª classe sucessória ("cônjuge e descendentes" – artigo 2133º, nº 1, al. a), do C. Civil), D, V e C. Ao cônjuge e descendentes do *de cujus*, cabe, como seus herdeiros legitimários (artigo 2157º do C. Civil), a legítima, quota indisponível do património hereditário (artigo 2156º do C. Civil). A legítima do cônjuge e descendentes é, em caso de concurso, de 2/3 da herança (artigo 2159º, nº 1, do C. Civil). A deixa testamentária a favor de B constitui uma liberalidade inoficiosa, na medida em que ofende a legítima dos legitimários (artigo 2168º do C. Civil) e, consequentemente, pode ser reduzida, a requerimento dos herdeiros legitimários, em tanto quanto for necessário para que a legítima seja preenchida (artigo 2169º do C. Civil): neste caso, a deixa testamentária reduz-se para 1/3 da herança.

A partilha da legítima entre o cônjuge e filhos faz-se por cabeça, dividindo-se em tantas partes quantos forem os herdeiros (artigo 2139º, nº 1, 1ª parte, do C. Civil), cabendo a cada um 2/9 da herança ($2/3 : 3 = 2/3 \times 1/3 = 2/9$).

Verifica-se que V foi condenado pelo homicídio de L, irmã do autor da sucessão. Poderia levantar-se a questão da sua incapacidade sucessória por indignidade. Muito embora aquele que for condenado como autor de homicídio doloso, ainda que não consumado, contra o autor da sucessão ou contra o seu cônjuge, descendentes, ascendentes, adotantes ou adotados (em suma, contra o autor da sucessão e os seus herdeiros legitimários), careça de capacidade sucessória (artigo 2034º, al. a), do C. Civil), o mesmo não se verifica quanto à condenação por homicídio de outros familiares do autor da sucessão, nomeadamente os seus irmãos. Desta forma, a condenação de V pelo homicídio de L, não consubstancia uma das causas de incapacidade por indignidade, pelo que V receberá a quota do património hereditário que lhe pertence.

Em resumo: D receberá 2/9 da herança; V receberá 2/9; C receberá 2/9; B receberá 1/3.

Caso Prático 79

Tema: Sucessão do cônjuge e descendentes; incapacidade por indignidade; direito de representação; substituição fideicomissária

Aprília é autora da sucessão. Aprília é casada com Blimundo. Aprília é mãe de Celso e Dirceu. Celso é pai de Emília e Filipa. Aprília instituiu Octávia como fiduciária e Mariana como fideicomissária na quota disponível. Mariana tem uma filha, Laura. Octávia tem um filho, Wagner. Descreva passo a passo a sucessão de Aprília, considerando ainda que: a) Celso é indigno em relação a Aprília; b) Octávia repudia; c) Mariana é pré-falecida. Indique as quotas em que cada um sucede.

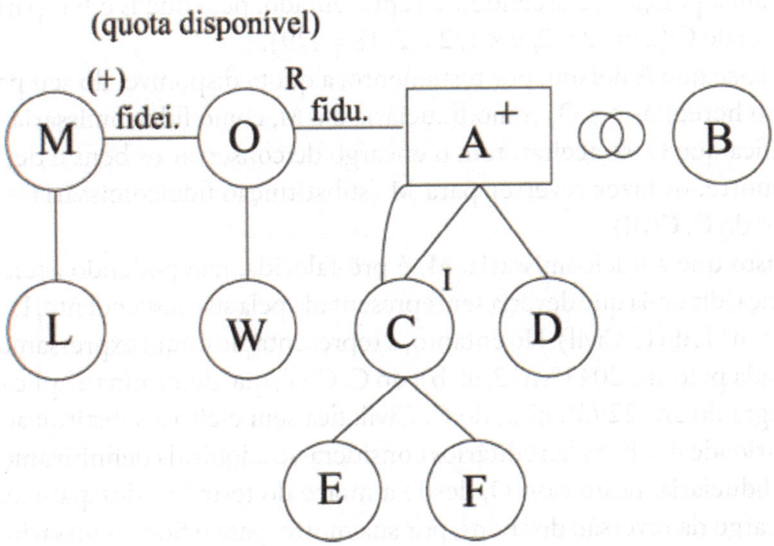

Resolução do Caso:

Por morte de A, abre-se a sua sucessão (art. 2031º C. Civil).

Sobrevivem a A: o seu cônjuge, B; dois filhos, C e D; e as duas netas, E e F, filhas de C. A institui ainda, por testamento, O como fiduciária e M (que não lhe sobrevive) como fideicomissária, na quota disponível.

Ao cônjuge e descendentes de A, cabe, como seus herdeiros legitimários (art. 2157º do C. Civil), a legítima, quota indisponível do património hereditário (art. 2156º do C. Civil). A legítima de cônjuge e descendentes, em conjunto, é de 2/3 da herança (art. 2159º, nº 1, do C. Civil). A repartição da legítima entre cônjuge e descendentes faz-se por cabeça, ou em partes iguais (art. 2157º, *in fine* e 2139º, nº 1, do C. Civil). Assim, a B, a C e a D (estes dois últimos descendentes do 1º grau que preferem a E e F, que são descendentes só do 2º grau – art. 2135º do C. Civil) caberia 2/9 da herança, a cada (2/3 : 3 = 2/3 × 1/3 = 2/9).

Verifica-se, contudo, que C é indigno em relação a A, o que o incapacita para lhe suceder (art. 2034º do C. Civil). Quando o sucessível legal prioritário chamado não puder suceder, são chamados em sua representação os seus descendentes (arts. 2039º e 2042º do C. Civil), neste caso E e F; estas ocupam a posição do ascendente representado, pelo que E e F repartem a quota de C (2/9 : 2 = 2/9 × 1/2 = 2/18 = 1/9).

Diz-se que A deixou, por testamento, a quota disponível do seu património hereditário a O, como fiduciária e a M, como fideicomissária. Tal significa que O, se aceitar, tem o encargo de conservar os bens e de, por sua morte, os fazer reverter para M (substituição fideicomissária – art. 2286º do C. Civil).

Visto que a fideicomissária, M, é pré-falecida, não podendo aceitar a herança, dir-se-ia que deveria ser representada pela sua descendente, L (art. 2041º, nº 1, do C. Civil). No entanto, a representação é aqui expressamente afastada pelo art. 2041º, nº 2, al. b), do C. Civil, que determina a aplicação da regra do art. 2293º, nº 2, do C. Civil: fica sem efeito a substituição e a titularidade dos bens hereditários considera-se adquirida definitivamente pela fiduciária, neste caso O, desde a morte do testador, desaparecendo o encargo da reversão dos bens, por sua morte, para o fideicomissário [no sentido de que se trata da não verificação da *conditio juris* resolutiva de que os bens sejam adquiridos pelo fideicomissário, cfr. Carlos Olavo, *Substituição fideicomissária, in* Estudos em homenagem ao Prof. Doutor Inocêncio Galvão Telles, vol. I, Coimbra, 2002, *apud Código Civil Anotado – Livro V (Direito das Sucessões)*, coordenado por Cristina Araújo Dias, Coimbra, 2018, comentários *sub* art. 2293º, pág. 447].

Verifica-se que O repudia a sucessão. Se M, fideicomissária designada por A, tivesse sobrevivido a esta, aplicar-se-ia, sem dúvida, o art. 2293º, nº 3, do C. Civil e a substituição converter-se-ia de fideicomissária em direta, dando-se a devolução dos bens a favor da fideicomissária, com efeito desde a morte da testadora; aliás, considerando-se passar a haver substituição direta, a representação da fiduciária pelos seus descendentes (direito de representação na sucessão testamentária – art. 2041º, nº 1, do C. Civil) sempre estaria afastada (art. 2041º, nº 2, al. a), do C. Civil). Mas não é este, aqui, o caso. Se o fideicomissário não sobreviver ao *de cujus* e ao fiduciário, a atribuição àquele não chega a operar: é o que resulta do disposto no art. 2293º, nº 1, do C. Civil [neste sentido, Daniel Morais, Código Civil Anotado – Livro V (Direito das Sucessões), coordenado por Cristina Araújo Dias, Coimbra, 2018, comentários *sub* art. 2293º, pág. 447]. Os bens passam a ser adquiridos definitivamente pelo fiduciário [neste sentido, aliás indiscutível, Cristina Araújo Dias, Código Civil Anotado – Livro V (Direito das Sucessões), por si coordenado, Coimbra, 2018, comentários *sub* art. 2041º, pág. 48]. Neste caso, se este repudiar, será representado pelos seus descendentes, nos termos gerais (art. 2042º, nº 1, do C. Civil). Assim, W receberá os bens que haviam sido objeto de fideicomisso.

Em resumo: B e D receberão 2/9 da herança, cada um; E e F receberão 1/9, cada um; W receberá 1/3.

Caso Prático 80

Tema: Sucessão do cônjuge e ascendentes; direito de acrescer; liberalidades inoficiosas; substituição direta; incapacidade por indignidade

Bernardina é autora da sucessão. Bernardina é casada com Clementina e é filha de Mariana e Joaquim. Mariana é casada com Nelson. Bernardina instituiu como herdeiro universal Licínio, designando como seu substituto, Zebedeu. Licínio é pai de Wilson. Descreva passo a passo a sucessão de Bernardina, considerando ainda que: a) Licínio foi condenado por tentativa de homicídio de Bernardina; Joaquim é pré-falecido. Indique as quotas em que cada um sucede.

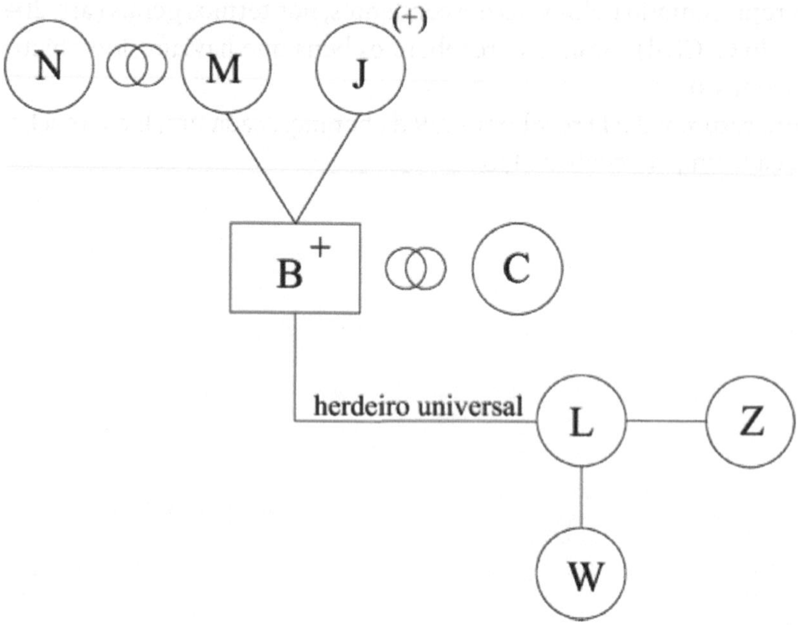

Resolução do Caso:

Por morte de B, abre-se a sua sucessão (art. 2031º do C. Civil).

Para além de L e Z, instituídos por testamento, sobrevivem a B a sua mulher, C, e a sua mãe, M (o seu pai, J, é pré-falecido).

São sucessíveis prioritários de B, ambos na 2ª classe sucessória ("cônjuge e ascendentes" – artigo 2133º, nº 1, al. b), do C. Civil), C e M. Ao cônjuge e ascendentes do *de cujus*, cabe, como seus herdeiros legitimários (artigo 2157º do C. Civil), a legítima, quota indisponível do património hereditário (artigo 2156º do C. Civil). A legítima do cônjuge e ascendentes é, em caso de concurso, de 2/3 da herança (artigo 2161º, nº 1, do C. Civil). A deixa testamentária a favor de L constitui uma liberalidade inoficiosa, na medida em que ofende a legítima dos herdeiros legitimários (artigo 2168º do C. Civil), e, consequentemente, pode ser reduzida, a requerimento dos herdeiros legitimários, em tanto quanto for necessário para que a legítima seja preenchida (artigo 2169º do C. Civil): neste caso, a deixa testamentária reduz-se para 1/3 da herança.

A partilha da legítima entre o cônjuge e ascendentes é feita do seguinte modo: ao cônjuge, C, cabe 2/3 da legítima (2/3 de 2/3 = 4/9 do património hereditário) e à ascendente, M, cabe 1/3 da legítima (1/3 de 2/3 = 2/9 do património hereditário) (artigo 2142º, nº 1, do C. Civil, *ex vi* artigo 2157º, *in fine*, do C. Civil).

Verifica-se que L foi condenado por tentativa de homicídio de B, autora da sucessão. Ora, aquele que for condenado como autor de homicídio doloso, ainda que não consumado, contra o autor da sucessão (ou contra o seu cônjuge, ascendentes e descendentes) carece de capacidade sucessória, por motivo de indignidade (artigo 2034º, al. a), do C. Civil). Desta forma, L é incapaz de suceder a B. Tal deveria determinar a sua representação pelo seu descendente, W (artigo 2041º, nº 1, do C. Civil). No entanto, B designa substituto a L para o caso de este não poder ou não querer aceitar a herança ("substituição direta ou vulgar" – artigo 2281º do C. Civil). Ora, a substituição direta afasta a representação (artigo 2041º, nº 2, al. a), do C. Civil), pelo que é Z, substituto designado por B, que sucede na quota de 1/3 do património deste.

N não é sucessor de B, posto que não lhe pertence qualquer título de vocação, nem testamentário nem legal.

Em resumo: C receberá 4/9 da herança; M receberá 2/9; Z receberá 1/3.

Caso Prático 81

Tema: Sucessão do cônjuge e descendentes; direito de representação; substituição fideicomissária; liberalidades inoficiosas

Alzira é autora da sucessão. Alzira é casada com Pedro. Pedro e Alzira são pais de Francisco e de Zélia. Francisco tem um filho, Eduardo. Descreva passo a passo a sucessão de Alzira, considerando que: a) Alzira faz uma deixa testamentária, de valor correspondente a metade do seu património, em benefício de Olga, como fiduciária, sendo João o fideicomissário; b) Olga é mãe de Carolina e João é pai de Gabriela; c) Olga e Francisco repudiam; d) João morre antes de Alzira. Indique as quotas.

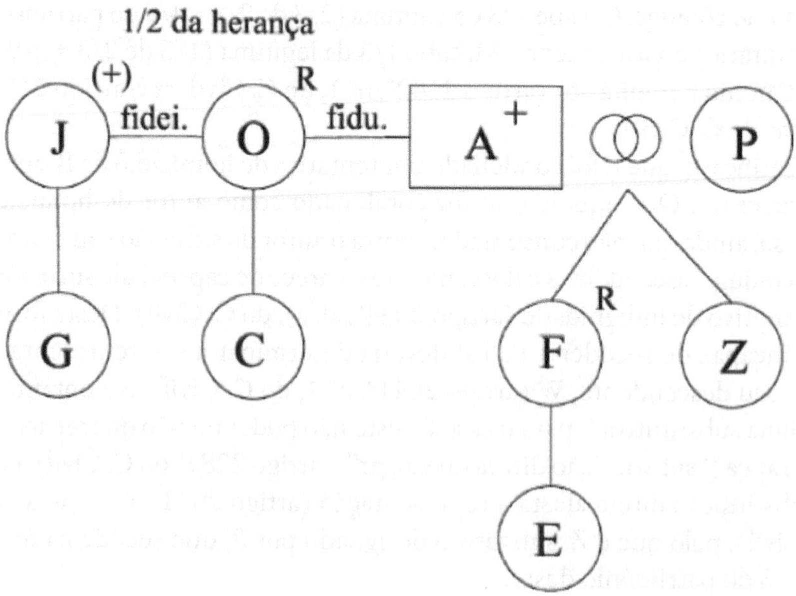

Resolução do Caso:

Por morte de A, abre-se a sua sucessão (artigo 2031º do C. Civil).

Para além de O, instituído como fiduciário (o fideicomissário, J, é pré-falecido), sobrevivem a A o seu marido, P, os seus filhos, F e Z, e o seu neto, E, filho de F.

São sucessíveis prioritários de A, todos na 1ª classe sucessória ("cônjuge e descendentes" – artigo 2133º, nº 1, al. a), do C. Civil), P, F e Z. O outro descendente de A, o seu neto E, no 2º grau da linha reta, não é chamado simultaneamente com o seu ascendente, F, em obediência à regra da preferência de grau (artigo 2135º do C. Civil): os parentes de grau mais próximo preferem e afastam os de grau mais afastado.

Ao cônjuge e descendentes de A, cabe, como seus herdeiros legitimários (artigo 2157º do C. Civil), a legítima, quota indisponível do património hereditário (artigo 2156º do C. Civil). A legítima do cônjuge e descendentes é, em caso de concurso, de 2/3 da herança (artigo 2159º, nº 1, do C. Civil). Desta forma, a deixa testamentária a favor de O constitui uma liberalidade inoficiosa e, consequentemente, pode ser reduzida, a requerimento dos herdeiros legitimários ou dos seus sucessores, em tanto quanto for necessário para que a legítima seja preenchida (artigo 2169º do C. Civil), sendo que, neste caso, a deixa testamentária se reduz para 1/3 da herança.

A partilha da legítima entre o cônjuge e descendentes faz-se por cabeça, dividindo-se em tantas partes quantos forem os herdeiros (artigo 2139º, nº 1, 1ª parte, do C. Civil), cabendo a cada um 2/9 (2/3 : 3 = 2/3 × 1/3 = 2/9).

Verifica-se que F repudia a sucessão de A. No entanto, sobrevive a A o filho de F, E. Na sucessão legal, os descendentes do filho que não pôde ou não quis aceitar (como é o caso) a herança têm sempre direito de o representar ("representação sucessória" – artigo 2042º do C. Civil). Significa isto que E ocupará a posição do ascendente que repudiou, sucedendo na quota deste (artigo 2039º do C. Civil).

Diz-se que A deixou, por testamento, 1/2 do seu património hereditário (como vimos, reduzido para 1/3 do património hereditário para que a legítima dos herdeiros legitimários seja reintegrada) a O, como fiduciária e a J, como fideicomissário. Isto significa que O, ao aceitar a herança de A, teria o dever de conservar os bens e, por morte, os fazer reverter para J ("substituição fideicomissária" – artigo 2286º do C. Civil). No entanto, verifica-se que J, fideicomissária, é pré-falecida e que, por sua vez, O, fiduciária, repudia a herança de A. Ambos, fiduciária e fideicomissário, deixam descendentes.

Perante o repúdio de O, se J, fideicomissário, tivesse sobrevivido a A, a substituição fideicomissária converter-se-ia em substituição direta, dando-se a devolução dos bens a favor do fideicomissário, J, com efeito desde a morte de A (artigo 2293º, nº 3, do C. Civil). No entanto, J, fideicomissário, não sobrevive a A, *de cujus*, nem a O, fiduciária. Assim, nos casos em que o fideicomissário não puder (como é o caso) ou não quiser aceitar a herança, a substituição fideicomissária fica sem efeito e a titularidade dos bens considera-se adquirida definitivamente pelo fiduciário (artigo 2993º, nº 2, do C. Civil). Assim, uma vez que O, fiduciária, repudia, será representada pela sua descendente, C, nos termos gerais (art. 2042º, nº 1, do C. Civil), cabendo a esta os bens objeto do fideicomisso, que, neste caso, é de 1/3 da herança.

Em resumo: P receberá 2/9 da herança; Z receberá 2/9; E receberá 2/9; C receberá 1/3.

Caso Prático 82

Tema: Sucessão do cônjuge e descendentes; substituição direta; liberalidades inoficiosas; substituição fideicomissária

Adelaide é autora da sucessão. É casada com Rui e mãe de Celso e Diana. Adelaide institui Celso como herdeiro de metade da herança e Olga, mãe de Mário, como fiduciária da outra metade, sendo João, pai de Bento, o fideicomissário. Descreva passo a passo a sucessão de Adelaide, considerando que: a) Adelaide institui Elvira como substituta de Celso; b) João não sobrevive a Adelaide; c) Celso e Olga repudiam. Indique as quotas.

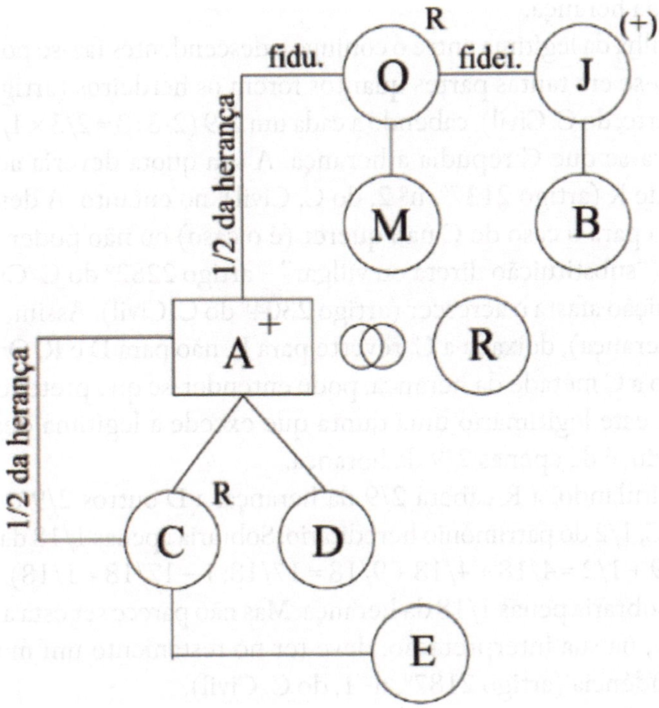

Resolução do Caso:

Por morte de A, abre-se a sua sucessão (artigo 2031º do C. Civil).

Para além de O, instituída como fiduciária (o fideicomissário, J, é pré-falecido), sobrevivem a A o seu marido, R, e os seus filhos, C e D.

São sucessíveis prioritários de A, todos na 1ª classe sucessória ("cônjuge e descendentes" – artigo 2133º, nº 1, al. a), do C. Civil), R, C e D.

Ao cônjuge e descendentes de A, cabe, como seus herdeiros legitimários (artigo 2157º do C. Civil), a legítima, quota indisponível do património hereditário (artigo 2156º do C. Civil). A legítima do cônjuge e descendentes é, em caso de concurso, de 2/3 da herança (artigo 2159º, nº 1, do C. Civil). Desta forma, as deixas testamentárias feitas por A constituem uma liberalidade inoficiosa e, consequentemente, podem ser reduzidas, a requerimento dos herdeiros legitimários ou dos seus sucessores, em tanto quanto for necessário para que a legítima seja preenchida (artigo 2169º do C. Civil), sendo que, neste caso, as deixas testamentárias reduzem-se para 1/3 da herança.

A partilha da legítima entre o cônjuge e descendentes faz-se por cabeça, dividindo-se em tantas partes quantos forem os herdeiros (artigo 2139º, nº 1, 1ª parte, do C. Civil), cabendo a cada um 2/9 ($2/3 : 3 = 2/3 \times 1/3 = 2/9$).

Verifica-se que C repudia a herança. A sua quota deveria acrescer à de D e à de R (artigo 2137º, nº 2, do C. Civil), no entanto, A designa um substituto para o caso de C não querer (é o caso) ou não poder aceitar a sucessão ("substituição direta ou vulgar" – artigo 2282º do C. Civil). Ora a substituição afasta o acrescer (artigo 2304º do C. Civil). Assim, a porção (1/2 da herança), deixada a C, reverte para E, não para D e R. Ora, tendo A deixado a C metade da herança, pode entender-se que pretendia assim atribuir a este legitimário uma quota que excede a legítima deste, que, como se viu, é de apenas 2/9 da herança.

Recapitulando, a R caberá 2/9 da herança, a D outros 2/9 e a E, que substitui C, 1/2 do património hereditário. Sobraria apenas 1/18 da herança ($2/9 + 2/9 + 1/2 = 4/18 + 4/18 + 9/18 = 17/18$; $1 - 17/18 = 1/18$); Ou seja, para O/J sobraria penas 1/18 da herança. Mas não parece ser esta a vontade de A, que, na sua interpretação, deve ter no testamento um mínimo de correspondência (artigo 2187º, nº 1, do C. Civil).

A vontade de A parece ter sido a de repartir a sua herança em partes iguais, atribuindo a O/J e a C 1/2 da herança, a cada um. Ora, a ser cumprida, esta vontade traduziria, como se viu, uma liberalidade inoficiosa, ferindo a legítima de D e R. Como, então, interpretar a vontade de A com um sentido conforme à lei?

Se descontarmos à herança as porções da legítima pertencentes a D e a R (2/9 a cada um, como vimos), sobram 5/9 da herança (1 – 2/9 – 2/9 = 9/9 – 4/9 = 5/9). É este valor que, respeitando-se minimamente a vontade do testador, pode ser atribuído aos testamentários (C, que também é herdeiro legitimário e O/J). Deve depois distribuir-se este valor em partes iguais, 5/18 a cada um (5/9 : 2 = 5/9 × 1/2 = 5/18). Como 5/18 é um valor maior do que 2/9 (2/9 = 4/18), não se ofende a porção da legítima que sempre caberia a C (2/9 = 4/18 < 5/18). Esta é, pois, uma questão de interpretação do testamento de A, conjugando a vontade do testador com a lei.

Assim, a C/E caberia 5/18, a R 2/9 e a D outros 2/9. Restam 5/18, que caberiam a O/J (1 – 2/9 – 2/9 – 5/18 = 5/18).

Perante o repúdio de O, se J, fideicomissário, tivesse sobrevivido a A, a substituição fideicomissária converter-se-ia em substituição direta, dando-se a devolução dos bens a favor do fideicomissário, J, com efeito desde a morte de A (artigo 2293º, nº 3, do C. Civil). No entanto, J, fideicomissário, não sobrevive a A, *de cujus*, nem a O, fiduciária. Assim, nos casos em que o fideicomissário não puder (como é o caso) ou não quiser aceitar a herança, a substituição fideicomissária fica sem efeito e a titularidade dos bens considera-se adquirida definitivamente pelo fiduciário (artigo 2993º, nº 2, do C. Civil). Assim, uma vez que O, fiduciária, repudia, será representada pela sua descendente, M, nos termos gerais (art. 2041º, nº 1, do C. Civil), cabendo a esta os bens objeto do fideicomisso, neste caso, 5/18 da herança.

Em resumo: D receberá 2/9 da herança; a R caberá 2/9; E receberá 5/18 e M receberá 5/18.

Caso Prático 83

Tema: **Sucessão do cônjuge e descendentes; direito de representação; legado em substituição de legítima; sucessão testamentária; liberalidades inoficiosas**

Amílcar, casado com Beltrana, é autor da sucessão. Amílcar é pai de Diogo, que é também filho de Clara. Diogo tem três filhos, Mário, Nuno e Orlando que é pai de Rui. Descreva passo a passo a sucessão de Amílcar, considerando ainda que: a) o património hereditário de Amílcar é de 900 UC; b) Amílcar deixa a Beltrana uma casa, no valor de 300 UC, em substituição da legítima; c) Amílcar institui como herdeiros universais João, Luísa e Vasco, com indicação de que Vasco deve ser beneficiado em 150 UC em relação aos co-herdeiros testamentários; d) Diogo e Orlando repudiam. Indique os valores em que cada um sucede.

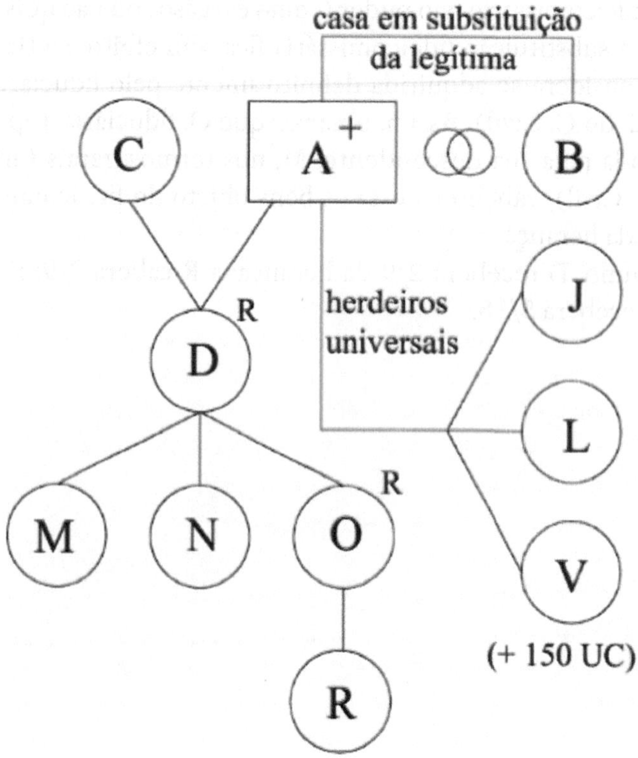

Resolução do Caso:

Por morte de A, é aberta a sua sucessão (artigo 2031º do C. Civil).

A institui J, L e V como seus herdeiros universais. A deixa da totalidade do seu património a estes, designados como sucessíveis testamentários, ofende a legítima (artigo 2156º do C. Civil) dos herdeiros legitimários, que são o seu cônjuge, B e o seu filho, D (artigo 2157º do C. Civil). A estes pertence 2/3 da herança, precisamente a título de legítima (artigo 2159º, nº 1 do C. Civil). Vista a deixa da universalidade aos testamentários com ofensa da legítima, podem os legitimários requerer a redução desta liberalidade até que a legítima seja reintegrada: fazem-no, requerendo a redução da liberalidade inoficiosa (artigos 2168º e 2169º do C. Civil).

Uma vez reintegrada (em 2/3 do património hereditário, como se disse) a legítima dos legitimários, cumpre reparti-la entre eles. A partilha faz-se por cabeça ou em partes iguais, cabendo a cada um dos legitimários (B, cônjuge e D, filho) metade da legítima (1/2 × 2/3 = 1/3 da herança, ou seja, 300 UC, neste caso). Visto que D repudia a herança, é riscado do mapa sucessório (artigo 2062º do C. Civil) e são chamados em sua representação os seus descendentes M, N e O (direito de representação na sucessão legal – artigo 2042º do C. Civil), sucedendo conjuntamente na parte da herança que cabia ao progenitor (1/3 do património hereditário), ou seja, caberá 100 UC a cada um. Como O repudia, a sua parte caberá ao seu filho, R, em sua representação (artigo 2044º, nº 1, do C. Civil).

É lícito ao autor da sucessão deixar ao herdeiro legitimário um legado em substituição da legítima (artigo 2165º do C. Civil). É o caso, pelo que a aceitação por B da casa (legado), que tem precisamente o valor da legítima que lhe pertence, implicará a perda da legítima (artigo 2165º, nº 2, do C. Civil). O valor deste legado é imputado na legítima de B (artigo 2165º, nº 4, do C. Civil), pelo que esta nada mais tem a receber por sucessão de A.

Como se disse, as deixas aos testamentários instituídos reduzem-se para 1/3 do património hereditário, que é a quota disponível neste caso. A J, L e V caberá, em conjunto, 1/3 da herança a repartir, em princípio, em partes iguais. No entanto, é dito que A pretende que V seja beneficiado em 150 UC em relação aos restantes. Para se respeitar o efeito pretendido pelo testador, os referidos 150 UC devem ser retirados ao valor da quota dos testamentários (300 UC – 150 UC) e atribuído antecipadamente a V (artigo 2264º do C. Civil) e só o remanescente ser distribuído pelos três. Assim, V receberá 150 UC (pré-legado), acrescidos de 1/3 do remanescente da quota disponível (1/3 × 150 UC = 50 UC), enquanto J e C receberão 50 UC cada um.

Em resumo: B receberá a casa ou o valor de 300 UC correspondente à sua parte da legítima; M, N e R receberão 100 UC cada um; V receberá 200 UC; J e L receberão 50 UC cada um.

Caso Prático 84

Tema: Sucessão de descendentes; colação

Alberto é autor da sucessão. Alberto institui como herdeiro Estêvão em um terço (300 UC) do património hereditário. Alberto mais doa, em vida, 50 UC a Berta, sua filha. Refira, fundamentando sempre, os direitos dos sujeitos envolvidos, considerando ainda que sobrevivem a Alberto mais dois filhos, Celsa e Diogo. Indique os valores em que cada um deve suceder.

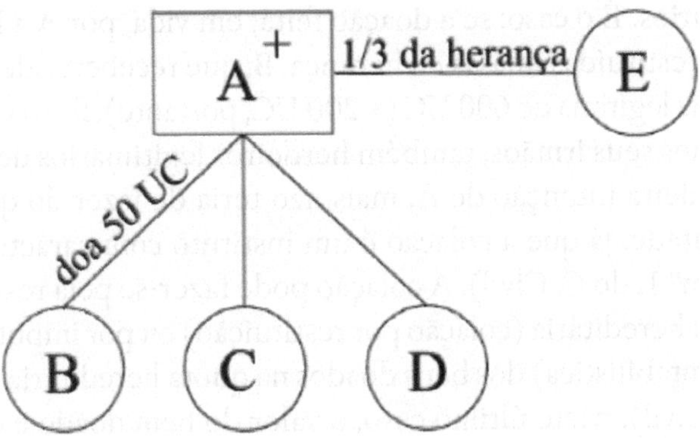

Resolução do Caso:

Por morte de A, abre-se a sua sucessão (art. 2031º C. Civil).

Sobrevivem a A três filhos (B, C e D) e E, herdeiro instituído numa quota de 1/3 do património hereditário.

Como sobrevivem a A três filhos e estes são seus herdeiros legitimários (art. 2157º C. Civil), a estes cabe uma quota indisponível do património hereditário, a legítima (art. 2156º C. Civil), que, neste caso, tem o valor de 2/3 desse património (art. 2159º, nº 1, do C. Civil). A doação que A faz, em vida, à sua filha B é relevante para o cálculo da legítima dos legitimários (art. 2162º C. Civil). Assim, a legítima de B, C e D é, em conjunto, de 600 UC, a repartir em partes iguais entre eles (arts. 2157º, *in fine* e 2139º, nº 1, do C. Civil).

Verifica-se que A institui E como sucessível testamentário de 1/3 da herança (300 UC, neste caso). Esta deixa não é inoficiosa, porquanto não ofende a legítima dos legitimários (art. 2168º, nº 1, do C. Civil).

Diz-se também que A doou, em vida, 50 UC a B, sua filha e herdeira legitimária. Em que massa de bens deve ser imputada esta liberalidade, na porção legítima destinada a B ou na quota disponível dos bens de A?

Se B concorrer à sucessão de A, esta doação está sujeita a colação (a restituição à herança dos bens doados pelo autor da sucessão, pelos legitimários que pretendam concorrer à sucessão – art. 2104º, nº 1, do C. Civil). Para que haja colação, é, assim, necessário que o autor da sucessão tenha realizado uma liberalidade a favor de um legitimário, que esse legitimário pretenda entrar na sucessão e que haja necessidade de igualação das quotas dos legitimários. É o caso: se a doação feita, em vida, por A a B, não fosse idealmente restituída à massa da herança, B, que receberia além as 50 UC doadas 1/3 da legítima de 600 UC (+ 200 UC, portanto), ficaria beneficiado em relação aos seus irmãos, também herdeiros legitimários de A. Se fosse esta a verdadeira intenção de A, mais não teria de fazer do que declarar essa sua vontade, já que a colação é um instituto com carácter supletivo (art. 2113º, nº 1, do C. Civil). A colação pode fazer-se pela restituição dos bens à massa hereditária (colação por restituição) ou por imputação (mera operação contabilística) dos bens doados na quota hereditária (art. 2108º, nº 1, do C. Civil); neste último caso, o valor do bem doado é descontado nessa quota.

Se B repudiar a sucessão de A sem ter descendentes que o representem (cfr. art. 2042º do C. Civil), não há colação, B não tem de restituir a doação de que beneficiou à herança para efeitos de igualação da partilha entre os legitimários e a liberalidade de que beneficiou é imputada na quota indisponível, ou seja, na porção (ideal) legítima de que B beneficiaria se concorresse como legitimário à sucessão, não se afetando, assim, a deixa ao sucessor testamentário (art. 2114º, nº 2, do C. Civil).

Em resumo: a B, C e D, pertencerá um valor de 200 UC, a cada um; a E caberá 1/3 da herança ou 300 UC.

Caso Prático 85

Tema: Sucessão de descendentes; colação

Amálio é autor da sucessão. Amálio doa 400 UC a Berta, sua filha, três meses antes de morrer. O património hereditário é de 900 UC. Refira, fundamentando sempre, os direitos dos sujeitos envolvidos, considerando ainda que sobrevivem a Amálio mais dois filhos, Celsa e Diógenes. Indique os valores em que cada um deve suceder.

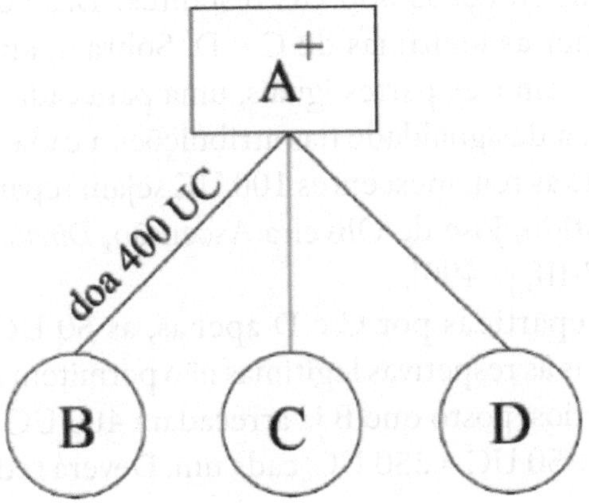

Resolução do Caso:

Por morte de A, abre-se a sua sucessão (art. 2031º do C. Civil).

Sobrevivem três filhos a A: B, C e D. O património hereditário é de 900 UC. Verifica-se que, três meses antes de morrer, A doa 400 UC a B.

A legítima dos descendentes do 1º grau, caso não concorram com cônjuge à sucessão, é de 2/3 da herança (art. 2159º, nº 2, do C. Civil). Ora, nos termos do art. 2162º, nº 1, do C. Civil, para o cálculo da legítima é tido em conta também o valor dos bens doados, exceto se não forem sujeitos a colação (art. 2162º, nº 2 C. Civil), o que não é aqui o caso (cfr. art. 2112º do C. Civil). Assim, a legítima dos filhos de A, seus sucessíveis legais legitimários (art. 2157º do C. Civil) é de 600 UC, sendo repartida por cabeça ou em partes iguais (art. 2136º do C. Civil).

Tendo A, três meses antes de morrer, doado 400 UC a um dos seus filhos, B, importa verificar se esta deixa ofende a legítima dos legitimários. Não é o caso: a legítima de C e D seria de 400 UC (200 UC a cada), pelo que, após a doação a B, sobrariam bens suficientes no património hereditário para integrar aquela. Importa, contudo, apurar como se repartiriam as 500 UC remanescentes.

Se B optar por entrar na sucessão de A, o que lhe poderia convir considerada a natureza dos bens envolvidos, deverá restituir à massa hereditária os bens doados para igualação da partilha: é o que se chama colação (art. 2104º, nº 1, do C. Civil).

Como repartir, então, as 500 UC restantes? Das 500 UC restantes, 400 vão preencher as legítimas de C e D. Sobram, ainda, 100 UC. Se fossem repartidas em três partes iguais, uma para cada um dos filhos de A, acentuar-se-ia a desigualdade das atribuições a cada um. As regras da colação ditam que as remanescentes 100 UC sejam repartidas apenas por C e D [neste sentido, José de Oliveira Ascensão, *Direito Civil – Sucessões*, Coimbra, n.º 247-III, p. 490].

Mesmo que repartidas por C e D apenas, as 50 UC que a cada um caberiam, somadas às respetivas legítimas não permitem igualar a partilha entre os legitimários, posto que B já arrecadara 400 UC e C e D ficariam apenas com 200 + 50 UC = 250 UC, cada um. Deverá reduzir-se a doação a B?

O art. 2108º, nº 2, do C. Civil é explícito: *havendo colação, mesmo que não existam na herança bens suficientes para igualar a partilha não são reduzidas as doações, salvo se houver inoficiosidade.* Não é, pois, de igualar as legítimas pela colação que se trata, problema que só se poria havendo inoficiosidade [neste sentido, José de Oliveira Ascensão, *Direito Civil – Sucessões*, Coimbra, n.º 247-IV, p. 491]. Assim, neste caso, mesmo que B concorra à sucessão de A, a doação de 400 UC de que beneficiara não tem de ser reduzida.

Em resumo, B ficará com 400 UC do património hereditário e C e D com 250 UC, cada um.

Caso Prático 86

Tema: Sucessão de descendentes; colação

Olga é autora da sucessão. Olga doa 300 UC a Carla, sua filha, um mês antes de morrer. O património hereditário é de 900 UC. Descreva, passo a passo a sucessão de Olga, considerando que lhe sobrevivem ainda mais dois filhos, Mário e Nuno. Indique os valores em que cada um sucede.

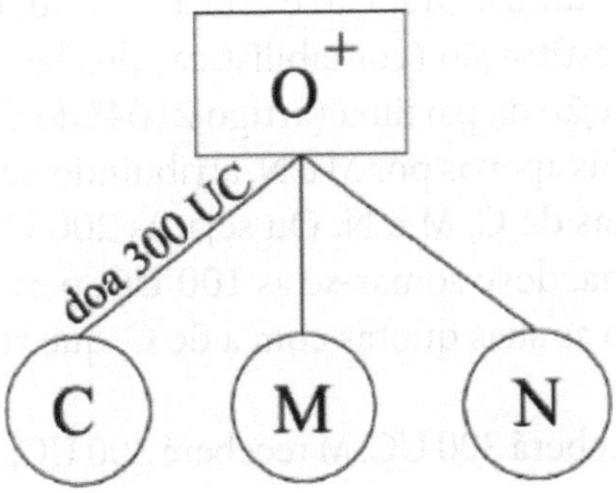

Resolução do Caso:

Por morte de O, abre-se a sua sucessão (artigo 2031º do C. Civil).

Sobrevivem a O três filhos: C, M e N. O património hereditário é de 900 UC. Verifica-se que, um mês antes de morrer, O doa 300 UC a C.

A legítima dos descendentes de 1º grau, caso não concorram com cônjuge à sucessão, é de 2/3 da herança (artigo 2159º, nº 2, do C. Civil).

Nos termos do artigo 2162º, nº 1, do C. Civil, para o cálculo da legítima deve ter-se em conta o valor dos bens existentes no património do autor da sucessão à data da sua morte, o valor dos bens doados, as despesas sujeitas a colação e as dívidas da herança.

A legítima dos filhos de O, seus sucessíveis legitimários (artigo 2157º do C. Civil), é de 600 UC, devendo esta ser repartida por cabeça ou em partes iguais (artigo 2136º do C. Civil), ou seja, cabendo 200 UC a cada um.

No entanto, um mês antes de morrer, O doou 300 UC à sua filha, C. Importa verificar se esta deixa ofende a legítima dos legitimários.

A legítima dos descendentes, quando não concorram com o cônjuge, é de 2/3 da herança (artigo 2159º, nº 2, do C. Civil), ou seja, de 600 UC neste caso. A partilha entre eles faz-se por cabeça ou em partes iguais, pelo que a C, M e N cabe 200 UC a cada. A legítima de M e N seria, pois, de 400 UC (200 UC a cada um), pelo que, após a doação a C, sobrariam bens suficientes no património hereditário para integrar aquela. Depois de atribuídos as 400 UC a M e N, sobram 200 UC na herança de O. Importa agora determinar como repartir essas 200 UC.

Uma das possibilidades seria repartir as 200 UC pelos três filhos de O, em partes iguais. No entanto, isto acentuaria a desigualdade das atribuições de cada um dos seus filhos. Ora, não é esta a solução. Deve proceder-se à colação, ou seja, a restituição (contabilística) dos bens doados à herança para efeito de igualação da partilha (artigo 2104º do C. Civil). As 200 UC deverão ser repartidas apenas por M e N, atribuindo-se 100 UC a cada um, e igualando as quotas de C, M e N. Ou seja, às 200 UC, atribuídas a M e N a título de legítima, deve somar-se as 100 UC, perfazendo um total de 300 UC e igualando as suas quotas com a de C, que recebeu a doação de 300 UC.

Em resumo: C receberá 300 UC; M receberá 300 UC; N receberá 300 UC.

Caso Prático 87

Tema: Sucessão dos descendentes; transmissão do direito de suceder; direito de representação

Antónia é autora da sucessão. Tem três filhos, Bernardo, Celso e Diana. Celso tem dois filhos, Eduardo e Francisco. Diana tem quatro filhos: Luís, Gonçalo, Hilário e Idália. Idália tem um filho, Joaquim. Descreva passo a passo a sucessão por morte de Antónia, considerando também que: a) Bernardo é pré-falecido; b) Diana, Luís e Idália repudiam; c) Carlos morre sem ter aceitado nem repudiado a sucessão. Indique as quotas que caberão aos sucessores.

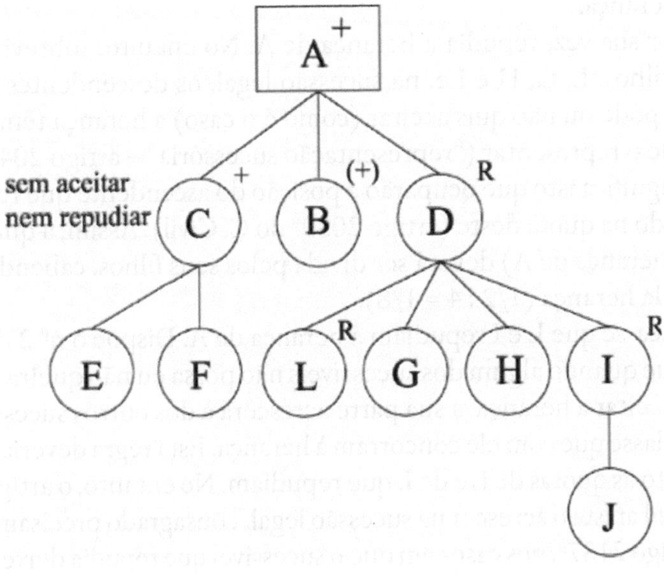

Resolução do Caso:

Por morte de A, abre-se a sua sucessão (artigo 2031º do C. Civil).

Sobrevivem a A: os seus filhos, C e D (B não sobrevive a A, pelo que não pode suceder-lhe); os seus netos E, F, L, G, H e I, sendo os dois primeiros filhos de C e os restantes filhos de D; e um bisneto, J.

São sucessíveis prioritários de A, na 1ª classe sucessória (artigo 2133º, nº 1, al. a), do C. Civil), os seus filhos C e D. Os restantes descendentes de A, netos e bisneto, respetivamente no 2º e 3º grau da linha reta, não são chamados simultaneamente aos seus ascendentes em obediência à regra da preferência de grau (artigo 2135º do C. Civil): os parentes de grau mais próximo preferem e afastam o de grau mais afastado. Uma vez que A não deixa cônjuge, a sua herança divide-se pelos filhos em partes iguais (artigo 2139º, nº 2, do C. Civil), cabendo metade da herança a C e a outra metade a D.

No entanto, verifica-se que C morre sem ter aceitado nem repudiado a herança de A. O direito de suceder a A (direito de aceitar ou repudiar a sucessão), que C recebera com a vocação sucessória, transmite-se aos seus herdeiros prioritários, E e F ("transmissão do direito de suceder" – artigo 2058º, nº 1, do C. Civil). Assim, aceitando a herança de A, E e F têm direito, cada um, a metade da quota que pertenceria a C (1/2 : 2 = 1/4), ou seja, 1/4 da herança.

D, por sua vez, repudia a herança de A. No entanto, sobrevivem a D os seus filhos, L, G, H e I e, na sucessão legal, os descendentes daquele que não pôde ou não quis aceitar (como é o caso) a herança têm sempre direito de o representar ("representação sucessória" – artigo 2042º do C. Civil). Significa isto que ocuparão a posição do ascendente que repudiou, sucedendo na quota deste (artigo 2039º do C. Civil). Assim, a quota de D (1/2 da herança de A) deverá ser divida pelos seus filhos, cabendo a cada um 1/8 da herança (1/2 : 4 = 1/8).

Verifica-se que L e I repudiam a herança de A. Dispõe o nº 2 do artigo 2137º que quando algum dos sucessíveis não possa ou não queira (como é o caso) aceitar a herança, a sua parte acrescerá à dos outros sucessíveis da mesma classe que com ele concorram à herança. Esta regra deveria aplicar--se quanto às quotas de L e de I, que repudiam. No entanto, o artigo 2138º do C. Civil afasta o acrescer na sucessão legal, consagrado precisamente no nº do artigo 2137º, nos casos em que o sucessível que repudia deixe descendentes que o representem; é o caso de I. Assim, a quota de L, que repudia a herança e não deixa descendentes que o representem, deverá acrescer a quota dos seus irmãos, G, H e I, cabendo, desta forma, a cada um 1/6 da herança de A. Já a quota de I, que também repudia a sucessão de A, não acrescerá à dos restantes porque I deixa um filho, J, e, na sucessão legal, este tem sempre direito de representar o seu ascendente (artigo 2039º e 2042º do C. Civil). Assim, J terá direito a 1/6 da herança que caberia ao seu pai.

Em resumo: E receberá 1/4 da herança; F receberá 1/4; G receberá 1/6; H receberá 1/6 e J receberá 1/6.

Caso Prático 88

Tema: Sucessão dos descendentes; incapacidade por indignidade; direito de representação; transmissão do direito de suceder; liberalidades inoficiosas

Beatriz é autora da sucessão. Beatriz é mãe de Diógenes, Camila e Estêvão. Estêvão é pai de Nádia. Diógenes é pai de Guilherme, Fabíola e Horácia. Horácia é mãe de Idalécio e Joaquim. Idalécio é pai de Luís e Manuel. Descreva passo a passo a sucessão por morte de Beatriz, considerando ainda que: a) Beatriz instituiu como herdeiros de metade do seu património hereditário Otelo e Pedro, em conjunto; b) Diógenes repudia; c) Estêvão não aceita nem repudia e morre; d) Horácia e Luís são indignos em relação a Beatriz; e) Idalécio é indigno em relação a Horácia. Indique as quotas em que cada um sucede.

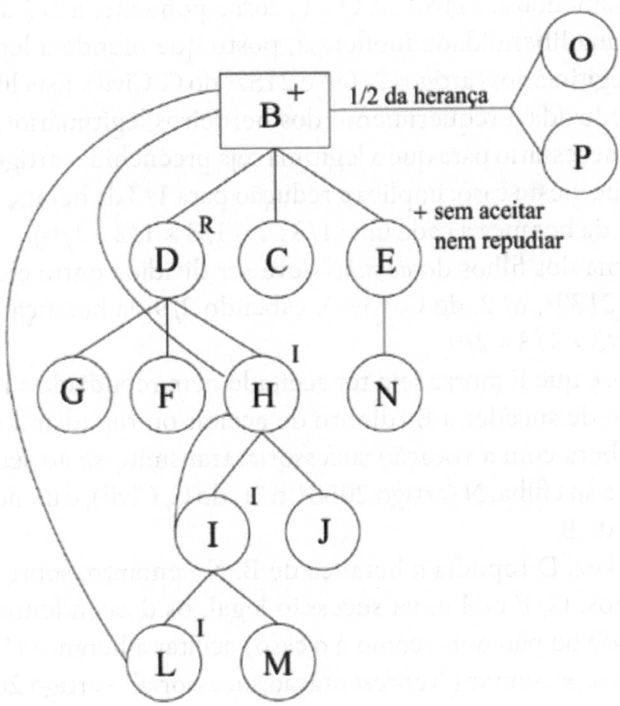

Resolução do Caso:

Por morte de B, abre-se a sua sucessão (artigo 2031º do C. Civil).

Para além de O e P, instituídos por testamento, sobrevivem a B os seus filhos, D, C e E, os seus netos, G, F, H e N, os seus bisnetos, I e J, e os seus trinetos, L e M.

Os sucessíveis prioritários de B são os seus descendentes, D, C e E, todos na 1ª classe sucessória ("cônjuge e descendentes" – artigo 2133º, nº 1, al. a), do C. Civil). Os restantes descendentes de B (netos, no 2º grau da linha reta; bisnetos, no 3º grau da linha reta; e trinetos, no 4º grau da linha reta) não são chamados simultaneamente aos respetivos ascendentes, em obediência à regra de preferência de grau (artigo 2135º do C. Civil): os parentes de grau mais próximo preferem e afastam os de grau mais afastado.

A legítima dos filhos, na ausência de cônjuge, é de 2/3 da herança caso exista mais do que um filho (artigo 2159º, nº 2, do C. Civil). Desta forma, a deixa testamentária a favor de O e P, correspondente a 1/2 da herança, constitui uma liberalidade inoficiosa, posto que ofende a legítima dos herdeiros legitimários (artigos 2169º e 2157º do C. Civil). Esta liberalidade pode ser reduzida a requerimento dos herdeiros legitimários, em tanto quanto for necessário para que a legítima seja preenchida (artigo 2169º do C. Civil), que, neste caso, implica a redução para 1/3 da herança, cabendo a O e P 1/6 da herança a cada um ($1/3 : 2 = 1/3 \times 1/2 = 1/6$).

A legítima dos filhos do *de cujus* deve ser dividida entre eles em partes iguais (2139º, nº 2, do C. Civil), cabendo 2/9 da herança a cada um ($2/3 : 3 = 2/3 \times 1/3 = 2/9$).

Verifica-se que E morre sem ter aceitado nem repudiado a herança de B. O direito de suceder a B (direito de aceitar ou repudiar a sucessão), que E recebera com a vocação sucessória, transmite-se ao seu herdeiro prioritário, a sua filha, N (artigo 2058º, nº 1, do C, Civil), cabendo-lhe 2/9 da herança de B.

Por sua vez, D repudia a herança de B. No entanto, sobrevivem a D os seus filhos, G, F e H e, na sucessão legal, os descendentes daquele que não pôde ou não quis (como é o caso) aceitar a herança têm sempre direito de o representar ("representação sucessória" – artigo 2042º do C. Civil). Significa isto que ocuparão a posição do ascendente que repudiou, sucedendo na quota deste (artigo 2039º do C. Civil). Assim, a quota de D

(2/9 da herança) será dividida pelos seus filhos, cabendo a cada um 2/27 da herança (2/9 : 3 = 2/9 × 1/3 = 2/27). No entanto, verifica-se que H é indigna em relação a B e, como tal, carece de capacidade para lhe suceder (artigo 2034º do C. Civil). Os filhos de H, I e J, têm direito de representar o seu ascendente na quota que lhe caberia (artigos 2039º e 2042º do C. Civil), cabendo a cada um 1/27 da herança de B (2/27 : 2 = 2/27 × 1/2 = 1/27). Muito embora I seja indigno em relação à sua ascendente, H, tal não afeta a sua capacidade de o representar na sucessão de B (artigo 2043º do C. Civil).

Em resumo: C receberá 2/9 da herança; N receberá 2/9; G receberá 2/27; F receberá 2/27; I receberá 1/27; J receberá 1/27; O receberá 1/6; P receberá 1/6.

Caso Prático 89

Tema: Sucessão dos descendentes; direito de representação; transmissão do direito de suceder; incapacidade por indignidade; liberalidades inoficiosas; sucessão por estirpes

Clementino é autor da sucessão. Clementino é pai de Diógenes, Epaminondas, Felisberto e Gabriela. Gabriela é mãe de Heródoto, Idalécio e Jezabel. Heródoto é pai de Lídia, Marinela, Nabucodonosor. Jezabel é mãe de Plínio e Olegário. Plínio é pai de Rodolfo. Descreva passo a passo a sucessão de Clementino, considerando ainda que: a) Clementino instituiu Quirino seu herdeiro universal; b) Gonçalo repudia; c) Jezabel não aceita nem repudia e morre, d) Plínio é indigno em relação a Jezabel; e) Heródoto é pré-falecido. Indique as quotas em que cada um sucede.

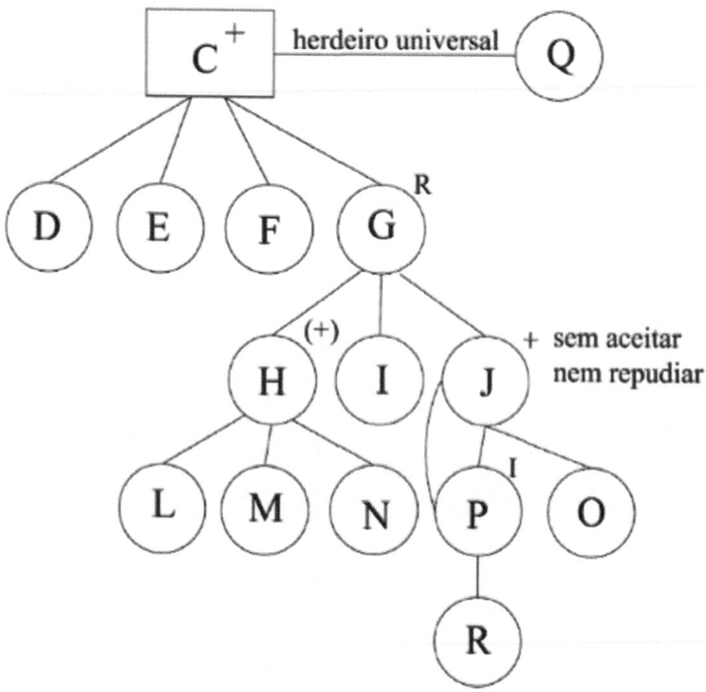

Resolução do Caso:

Por morte de C, abre-se a sua sucessão (art. 2031º do C. Civil).

Sobrevivem a C, além de Q, que C institui como herdeiro universal: os seus filhos, D, E, F e G; os seus netos, filhos de G, I e J (H não sobrevive a C, pelo que não pode suceder-lhe); os seus bisnetos, L, M e N, filhos de H, e P e O, filhos de J; o seu trineto, R, filho de P.

Os descendentes do autor da sucessão são seus herdeiros legitimários (art. 2157º do C. Civil), cabendo-lhes uma quota indisponível da herança, a legítima (art. 2156º do C. Civil). Os descendentes de C indicados concorrem à sucessão na 1ª classe sucessória (art. 2133º, nº 1, al. a), do C. Civil). A legítima dos filhos, quando não concorram à sucessão com o cônjuge, é de 2/3 da herança (art. 2159º, nº 2, *in fine*, C. Civil). Nestes termos, a deixa a Q é inoficiosa, pois ofende a legítima dos legitimários (art. 2168º, nº 1, do C. Civil), podendo ser reduzida (neste caso para 1/3 da herança) a requerimento dos legitimários (art. 2169º do C. Civil).

A herança dos filhos de C deve ser repartida em partes iguais ou por cabeça (art. 2139º, nº 1, 1ª parte, do C. Civil). Caberia, assim, a D, E, F e G 1/6 do património hereditário de C, a cada um ($2/3 : 4 = 2/3 \times 1/4 = 2/12 = 1/6$).

Verifica-se que G repudia. Dir-se-ia que a sua quota iria acrescer à dos seus irmãos, D, E, e F (art. 2137º, nº 2, do C. Civil), que assim, passariam a receber 2/9 da herança, cada um ($2/3 : 3 = 2/3 \times 1/3 = 2/9$). No entanto, sobrevivem a G os seus filhos, I e J e, na sucessão legal, estes representam sempre o seu ascendente que não queira aceitar a sucessão (arts. 2039º e 2042º C. Civil); afasta-se a regra do acrescer ditada pelo art. 2137º, nº 2 – cfr. art. 2138º C. Civil. Assim, a porção de G deve ser repartida pelos seus filhos.

A cada um dos filhos de G que lhe sobrevivem, deveria caber metade da porção do seu pai ($1/6 : 2 = 1/6 \times 1/2 = 1/12$), já que H, irmão daqueles, não sobrevive a C, não podendo suceder-lhe (as situações, a que referem os arts. 2039º e 2042º, em que um sucessível chamado "não pode suceder" referem todos aqueles casos em que este seja incapaz, por indignidade ou deserdação, esteja ausente ou não sobreviva ao *de cujus*). No entanto, a regra da representação aplica-se aqui também: os descendentes de H (que não pode suceder a C) representam-no na sucessão (mesmos arts. 2039º e 2042º C. Civil).

Quanto a J, verifica-se que morre sem aceitar nem repudiar a sucessão de C. O direito de suceder a C, que lhe fora atribuído ao ser chamado a suceder, transmite-se aos seus herdeiros (neste caso, P e O) (art. 2058º, nº 1, do C. Civil). No entanto, P é indigno em relação a J, o que pareceria ser indiferente a este caso, desde que fosse capaz de suceder a C. Não é assim. O direito de suceder a C adviria a P integrado na herança que deveria receber de J. Esta asserção evidencia-se da norma do art. 2058º, nº 2, do C. Civil, que afasta a transmissão do direito de suceder quando o potencial sucessor-transmissário repudiar a herança do sucessor-transmitente que faleceu. Assim, sendo incapaz de suceder a J (art. 2034º do C. Civil), P também não receberá o direito de suceder a C que àquele pertencia. R, descendente de P poderá suceder a este, mas não a C, uma vez que P não chega a receber o direito de suceder àquele. Logo, O acrescerá na quota de P (art. 2137º, nº 2, do C. Civil), recebendo sozinho a porção de J.

Pelo contrário, se J tivesse repudiado herança, ou tivesse pré-falecido a C, dar-se-ia a representação pelo seu filho (direito de representação na sucessão legal – cfr. art. 2042º do C. Civil). Neste caso, não seria importante que P fosse indigno em relação a J, apenas importando se o fosse em relação ao *de cujus*, C, a cuja sucessão seria indiretamente chamado (vocação indireta) (cfr. art. 2043º do C. Civil). Isto é assim porque, no caso de haver transmissão do direito de suceder, este direito é adquirido primeiro pelo sucessor-transmitente (neste caso, J) e, por morte deste, transmite-se *com a sua herança* aos seus sucessores (neste caso, P e O); P e O têm, pois, de ser capazes de suceder a J para que possam receber desta o direito de suceder a C. No caso de haver representação, tudo se passaria como se J nunca tivesse constado do mapa sucessório: haveria um só fenómeno sucessório, a sucessão a C, pela vocação indireta dos representantes (seriam P e O), sendo a representada (seria J) mera referência dessa vocação indireta; seria, por isso, indiferente que P fosse, ou não, capaz de suceder a J (art. 2043º do C. Civil), bastando que pudesse suceder a C [neste sentido, aliás indiscutível, cfr. por todos *Código Civil Anotado – Livro V (Direito das Sucessões)*, coordenado por Cristina Araújo Dias, Coimbra, 2018, comentários *sub* art. 2039º, 2043º e 2058º].

Assim, a porção de G (1/6 da herança) deve ser repartida por três: I; o descendente de J, O; e os descendentes de H.

Interessa saber a quota em que sucede cada um dos sucessores acima enunciados. A regra aplicável encontra-se no art. 2044º do C. Civil. A partilha faz-se por estirpes (cada estirpe é composta por um sujeito e seus descendentes): a cada estirpe, ou sub-estirpe, cabe aquilo em que sucederia o ascendente respetivo. Assim, a quota de G (1/6 da herança), que esta repudia, será repartida: pelo seu descendente, I (1/3 × 1/6 = 1/18); pelos descendentes e representantes de H, L, M e N que sucedem na quota do ascendente (1/18 × 1/3 = 1/54); e pelo transmissário do direito de suceder de J, O, na quota daquele (1/18).

Em resumo: D, E e F recebem 1/6 da herança, cada um; I recebe 1/18 (1/3 da quota de G); L, M e N recebem 1/54 (um terço da quota de H), cada um; O recebe 1/18 (a mesma quota que pertenceria a J); e Q recebe 1/3 do património hereditário.

Caso Prático 90

Tema: Sucessão do cônjuge e ascendentes

Albertina é o *de cujus*. Albertina é filha de Joaquim que é filho de Tadeu. Albertina é casada com Hilário de quem tem um filho, Mário. Descreva passo a passo a sucessão de Albertina, tendo em consideração que Joaquim é pré-falecido e que Mário repudia.

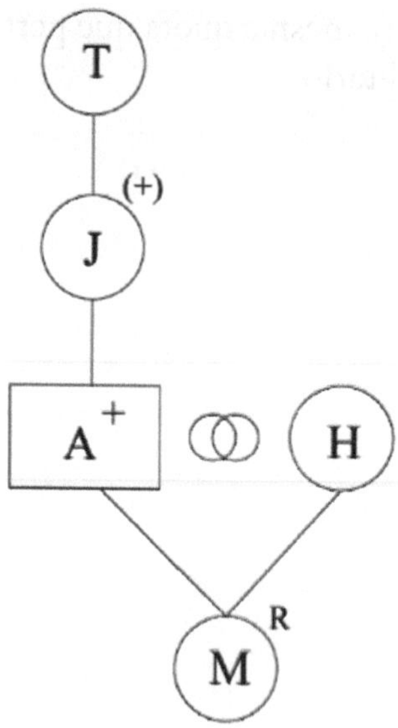

Resolução do Caso:

Por morte de A, abre-se a sua sucessão (artigo 2031º do C. Civil).

Sobrevivem a A o seu marido, H, o seu filho, M, e o seu avô, T (o seu pai, J, é pré-falecido).

Os sucessíveis prioritários de A são o seu cônjuge, H, e o seu descendente, M, que ocupam o primeiro lugar na classe de sucessíveis ("cônjuge e descendentes" – artigo 2133º, nº 1, al. a), do C. Civil). Os ascendentes de A, T e J, que ocupam o segundo lugar na classe de sucessíveis (artigo 2133º, nº 1, al. b), do C. Civil), só seriam chamados à sucessão de A, juntamente com o seu cônjuge, caso este não tivesse deixado descendentes, de acordo com a regra da preferência das classes (artigo 2134º do C. Civil).

A partilha da herança entre o cônjuge e os filhos é feita por cabeça, dividindo-se a herança em partes iguais (artigo 2139º, nº 1, 1ª parte, do C. Civil), cabendo, neste caso, metade da herança a H e a outra metade a M.

No entanto, verifica-se que M repudia a herança de A. Dispõe o nº 2 do artigo 2137º do C. Civil que quando algum dos sucessíveis não puder ou não quiser aceitar, a sua parte acrescerá à dos outros sucessíveis da mesma classe que com ele concorram à herança.

No entanto, os efeitos do repúdio de M retrotraem ao momento da abertura da sucessão, considerando-se este como nunca chamado, salvo para efeitos de representação (artigo 2062º do C. Civil). Assim, deve considerar-se que H, cônjuge, concorre à sucessão com T, na 2ª classe sucessória ("cônjuge e ascendentes – artigo 2133º, nº 1, al. b), do C. Civil). A repartição entre cônjuge e ascendentes não se faz por cabeça ou em partes iguais: o cônjuge receberá 2/3 e o ascendente 1/3 (artigo 2142º, nº 1, do C. Civil).

Em resumo: H receberá 2/3 da herança; T 1/3.

Caso Prático 91

Tema: Sucessão do cônjuge e ascendentes; legado

Plínio é autor da sucessão. Plínio é casado com Júlia. Plínio é filho de Alberta e de Luís. Indique as quotas em que sucede cada um dos sucessores, considerando também que: a) o património hereditário é de 45 000 UC; b) Plínio institui um legado de 15 000 UC para atribuir a Vasco, Xavier e Cândido com a intenção de beneficiar Xavier em 3 000 UC em relação aos restantes legatários.

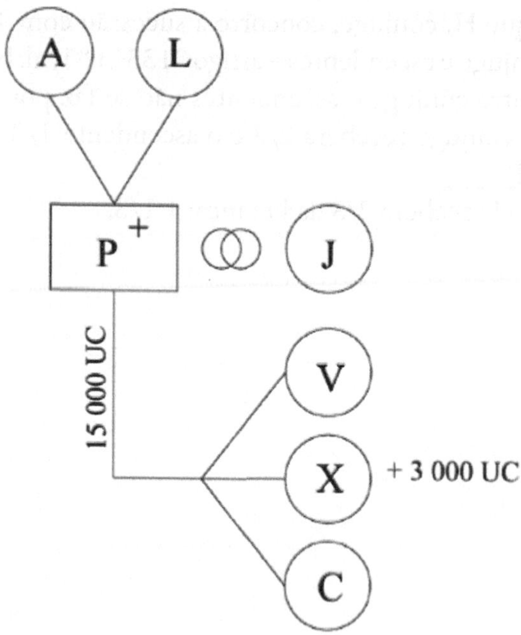

Resolução do Caso:

Por morte de P, abre-se a sua sucessão (artigo 2031º do C. Civil).

Para além dos legatários, V, X e C, sobrevivem a P a sua mulher, J, e os seus pais, A e L.

J, cônjuge, e A e L, ascendentes, são herdeiros legitimários de P (artigo 2157º do C. Civil), cabendo-lhes a legítima, quota indisponível do património hereditário (artigo 2156º do C. Civil). A legítima do cônjuge e ascendentes é, em caso de concurso, de 2/3 da herança (artigo 2161º, nº 1, do C. Civil), ou seja 30 000 UC (2/3 de 45 000 UC = 30 000 UC), pelo que a instituição dos legatários, V, X e C, no montante de 15 000 UC, não é inoficiosa (artigo 2168º do C. Civil). A legítima reparte-se entre os legitimários do seguinte modo: ao cônjuge, J, cabe 2/3 da legítima (2/3 de 2/3 = 4/9 do património hereditário, ou seja, 20 000 UC); aos ascendentes, A e L, cabe 1/3 da legítima (1/3 de 2/3 = 2/9 do património hereditário, ou seja, 10 000 UC) (artigo 2142º, nº 1, do C. Civil). A partilha entre os ascendentes é feita por cabeça ou em partes iguais (artigo 2142º, nº 3, do C. Civil), cabendo a cada ascendente 5 000 UC (10 000 UC : 2 = 5 000 UC).

Como P atribui, por testamento, um legado de 15 000 UC a V, X e C, determinando que X deverá receber + 3 000 UC que os seus co-legatários, este valor (pré-legado – artigo 2264º do C. Civil) é retirado, para efeitos de cálculo, às 15 000 UC e atribuído previamente a X e só o remanescente é dividido pelos três (15 000 UC – 3 000 UC = 12 000 UC; 12 000 : 3 = 4 000 UC). Assim, X receberá 7 000 UC (4 000 UC + 3 000 UC = 7 000 UC), e V e C receberão 4 000 UC, cada um.

Em resumo: J receberá 20 000 UC; A receberá 5 000 UC; L receberá 5 000 UC; X receberá 7 000 UC; V receberá 4 000 UC; e C receberá 4 000 UC.

Caso Prático 92

Tema: Sucessão do cônjuge e ascendentes; direito de acrescer

Gabriela é autora da sucessão. Gabriela é casada com Alda, e é filha de Célia e João e neta de Filipa e Vasco, pais de Célia. Gabriela tem ainda três irmãs, Noémia, Luísa e Kelly, filhas de Célia e do seu primeiro marido, Xavier. Descreva passo a passo a sucessão de Gabriela, considerando que: a) o património hereditário é de 900 UC; b) Vasco não sobrevive à autora da sucessão; c) Gabriela estipula que Noémia deve receber mais 150 UC do que as suas irmãs da quota disponível que lhes pertence; d) Filipe e Célia repudiam. Indique o valor que recebe cada um dos sucessores.

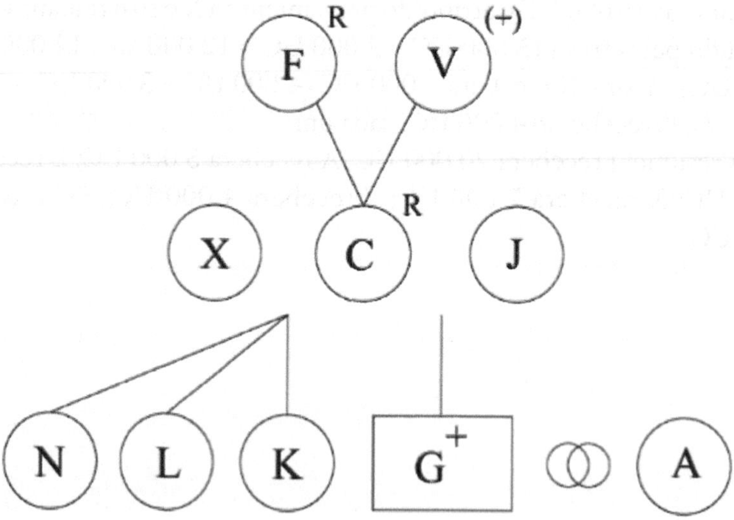

Resolução do Caso:

Por morte da G, é aberta a sua sucessão (art. 2031º do C. Civil).

G deixa a quota disponível do património hereditário, sem a quantificar, às suas irmãs (N, L e K). Deve verificar-se o valor desta quota.

Os sucessíveis prioritários de G são, neste caso, o seu cônjuge e ascendentes, sucessíveis legais legitimários (art. 2157º do C. Civil). A estes pertence a legítima, quota indisponível do património hereditário (art. 2156º do C. Civil). A legítima do cônjuge e ascendentes, quando concorram à sucessão, é de 2/3 da herança (art. 2161º, nº 1, do C. Civil). Reparte-se entre os legitimários do seguinte modo: ao cônjuge, A, cabe 2/3 da legítima (2/3 de 2/3 = 4/9 do património hereditário, ou seja, 400 UC); aos ascendentes (C e R) 1/3 da legítima (1/3 × 1/3 = 2/9 do património hereditário, ou seja, 200 UC) (art. 2142º, nº 1, do C. Civil). Visto que um dos ascendentes, C, repudiou a sucessão, a sua parte acresce à do outro ascendente, e não também ao cônjuge que com ele reparte a legítima (art. 2143º C. Civil).

Resta partilhar a quota disponível (300 UC), que cabe aos irmãos, na qualidade de herdeiros testamentários de G. Como G determina que N deverá receber mais 150 UC da quota disponível do que as suas irmãs, deverá retirar-se antecipadamente este valor daquele (300 UC – 150 UC = 150 UC) e atribuí-lo, desde logo, a N (art. 2264º C. Civil). As remanescentes 150 UC repartir-se-ão depois pelas três irmãs, sucessíveis testamentárias, cabendo 50 UC a cada uma. Assim, da quota disponível, pertencem 150 + 50 = 200 UC a N, e 50 UC a cada uma das suas irmãs.

Em resumo: a A caberá 400 UC; a C pertencem 200 UC; a N caberão 200 UC e a L e N 50 UC a cada.

Caso Prático 93

Tema: Sucessão do cônjuge e ascendentes; direito de acrescer; liberalidades inoficiosas; substituição fideicomissária

Simão é autor da sucessão. Simão é casado com Telma, é filho de Rosa e João que é casado com Luísa, e neto de Vítor. Descreva passo a passo a sucessão de Simão, considerando ainda que: a) Simão instituiu como fiduciário na totalidade da herança Carlos, pai de Eduardo, e como fideicomissário Diógenes, pai de Olga; b) João e Diógenes repudiam. Indique as quotas em que sucede cada um dos sucessores.

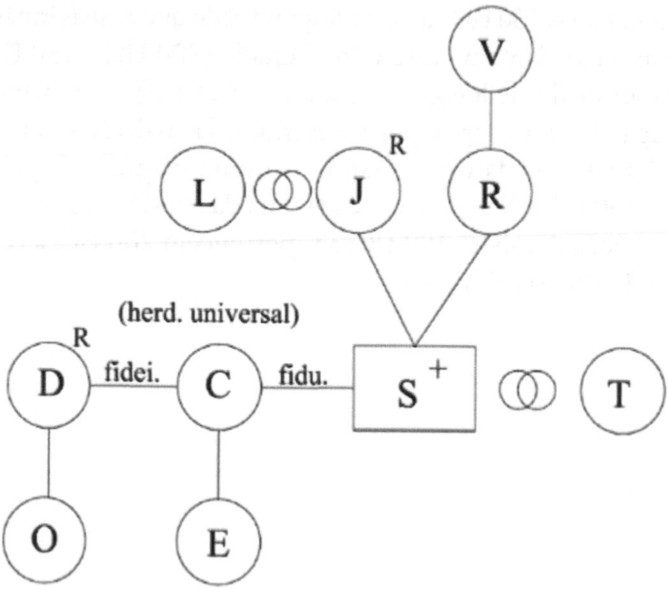

Resolução do Caso:

Por morte de S, abre-se a sua sucessão (art. 2031º C. Civil).

Sobrevivem a S, além de C e D, instituídos como seu fiduciário e fideicomissário, respetivamente: o seu cônjuge, T; os seus pais, J e R; o seu avô, V; e L, casada com seu pai.

O cônjuge e ascendentes de S (T, J e R) são seus herdeiros legitimários (art. 2157º C. Civil), a quem pertence uma quota indisponível do seu património, a legítima (art. 2156º C. Civil). A legítima do cônjuge e ascendentes, em caso de concurso, é de 2/3 da herança (art. 2161º C. Civil). Ao cônjuge, T, cabem duas terças partes desta porção (2/3 × 2/3 = 4/9 da herança) e aos ascendentes, J e R, 1/3 da legítima (1/3 × 2/3 = 2/9 da herança) (arts. 2157º, *in fine* e 2142º, nº 1, do C. Civil), a partilhar entre eles em partes iguais (2/9 : 2 = 2/9 × 1/2 = 2/18 = 1/9, a cada um – art. 2142º/3 C. Civil). O avô de S, V, ascendente do 2º grau, embora na mesma classe sucessória dos pais de S (a 2ª classe sucessória – cfr. art. 2133º, nº 1, al. b), do C. Civil), não chega a ser chamado à sucessão, em obediência à regra da preferência de graus (art. 2135º do C. Civil, segundo a qual os parentes de grau mais próximo preferem e afastam os de grau mais afastado). A mulher de J, L, não beneficia de qualquer título de vocação, legal (não é parente ou cônjuge de S) ou voluntário, à sucessão de S.

Visto que um dos ascendentes do 1º grau de S, J, repudia a sucessão, a sua parte (2/9 da herança, como se viu) deveria acrescer à do outro ascendente do mesmo grau (R) e à do cônjuge (T), posto que estes concorrem na mesma classe sucessória (arts. 2133º, nº 1, al. b), do e 2137º/2 C. Civil). Não é assim. A parte que o ascendente J repudia acresce apenas à porção do outro ascendente, R e não também à porção do cônjuge (art. 2143º, 1ª parte, C. Civil). Assim, R receberá sozinha 2/9 da herança.

A deixa a C/D pode ser reduzida por inoficiosidade, posto que ofende a legítima dos legitimários (de 2/3 da herança, como se viu) (arts. 2168º, nº 1 e 2169º C. Civil). A instituição de C como fiduciário e de D como fideicomissário reduz, assim, a 1/3 da herança. Esta instituição testamentária consubstancia uma substituição fideicomissária, que obriga C a conservar os bens hereditários para que, por sua morte, revertam para D (art. 2286º C. Civil).

Acontecendo que D repudia a sucessão, dir-se-ia que seria representado pela sua filha, O (direito de representação na sucessão testamentária – art. 2041º, nº 1, do C. Civil). Não é assim, neste caso. No caso de o fideicomissário não poder ou não querer aceitar a sucessão, fica sem efeito a substituição e a titularidade dos bens considera-se definitivamente adquirida pelo fiduciário desde a morte do testador (art. 2293º, nº 2, do C. Civil); a representação é afastada (art. 2041º, nº 2, al. b), do C. Civil).

Em resumo: C recebe 1/3 da herança; T recebe 4/9 e R 2/9.

Caso Prático 94

Tema: Sucessão do cônjuge e ascendentes; direito de acrescer entre herdeiros; liberalidades inoficiosas

António é autor da sucessão. António é casado com Mariema. António é filho Wilma e de Joaquim, casado com Zulmira. Joaquim é filho de Horácio. Descreva passo a passo a sucessão de António, considerando que este também institui herdeiros Luís e Bernardo em metade da sua herança e que Bernardo repudia. Indique a quota em que cada um sucede.

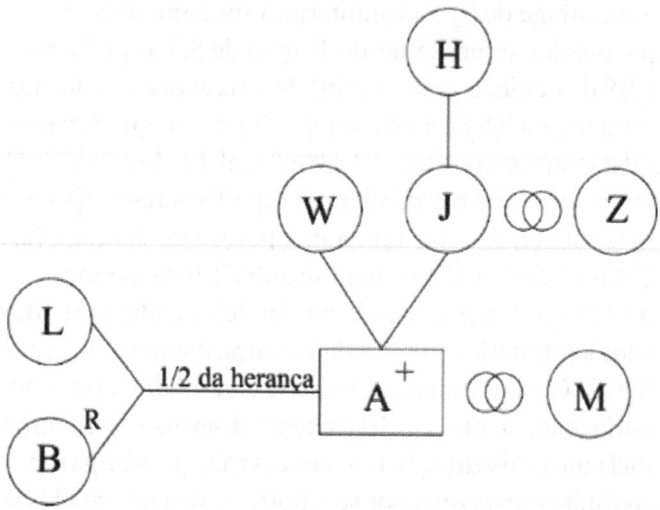

Resolução do Caso:

Por sua morte, abre-se a sucessão de A (art. 2031º do C. Civil).

A A sobrevivem, designadamente, o seu cônjuge, M e os seus pais, W e J. Estes são seus sucessíveis legitimários (art. 2157º do C. Civil), a quem está reservada uma quota indisponível do património hereditário, a legítima (art. 2156º do C. Civil). A legítima conjunta do cônjuge e ascendentes, em caso de concurso, é de 2/3 do património hereditário (art. 2161º, nº 1, do C. Civil). A repartição da legítima entre cônjuge e ascendentes não é feita por cabeça ou partes iguais para cada um: ao cônjuge cabe 2/3 da legítima, aos ascendentes 1/3 desta (art. 2141º, nº 1, do C. Civil). A partilha entre os ascendentes faz-se por cabeça. Assim, a M cabe 4/9 (2/3 × 2/3) do património hereditário, a W bem como a J, 1/9 do mesmo (1/3 × 2/3, a dividir por 2 = 2/9 : 2 = 2/9 × 1/2 = 2/18 = 1/9), a cada.

Verifica-se que A institui, por testamento, L e B como herdeiros de metade da herança. Posto que a legítima, quota indisponível do património hereditário de A, é de 2/3 da herança, a deixa àqueles testamentários constitui uma liberalidade inoficiosa (artigo 2168º do C. Civil), que pode ser reduzida a requerimento dos legitimários (artigo 2169º do C. Civil). Reduzida para 1/3 (quota disponível) do património hereditário a deixa pertencente a L e B, verifica-se que B repudia. A parte de B acresce à porção de L (direito de acrescer na sucessão testamentária – artigo 2301º, nº 1, do C. Civil), que assim receberá sozinho 1/3 da herança.

Visto que dentro de cada classe, os sucessíveis de grau mais próximo (neste caso os pais de A) preferem aos de grau mais afastado (artigo 2135º do C. Civil), se os pais (ou um dos pais) de A aceitarem, H, seu avô e ascendente do 2º grau, é afastado da sucessão.

Em resumo, M receberá 4/9 da herança, W receberá 1/9, J também 1/9 e L receberá 1/3.

Caso Prático 95

Tema: Sucessão do cônjuge e ascendentes; incapacidade por indignidade; substituição fideicomissária; sucessão de irmãos germanos e unilaterais

Alberto é autor da sucessão. Alberto é filho de Gonçalo e Paula. Gonçalo e Paula são ainda pais de Maria e Berta; Gonçalo tem ainda outro filho, João, de um anterior casamento com Zélia. Alberto é casado com Luísa. Alberto institui Carolina como fiduciária e Hilário como fideicomissário em deixa correspondente a metade do valor do seu património. Descreva passo a passo a sucessão de Alberto, considerando também que: a) o património hereditário é de 1000 UC; b) Paula é pré-falecida; c) Gonçalo repudia; d) Luísa é indigna em relação a Alberto. Indique o valor de cada quinhão hereditário.

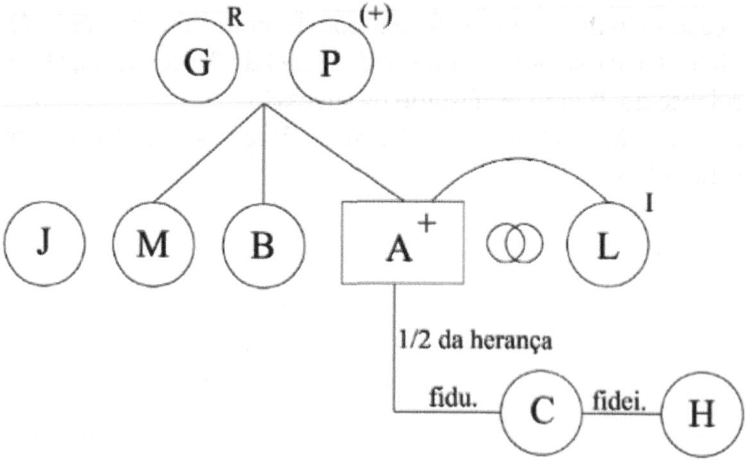

Resolução do Caso:

Por morte de A, abre-se a sua sucessão (artigo 2031º do C. Civil).

Para além de C e H, instituídos por testamento, sobrevivem a A a sua mulher, L, o seu pai, G (a sua mãe, P, é pré-falecida), as suas irmãs germanas (bilaterais), M e B, e o seu irmão consanguíneo (unilateral), J.

São sucessíveis prioritários de A, ambos na 2ª classe sucessória ("cônjuge e ascendentes" – artigo 2133º, nº 1, al. b), do C. Civil), L e G. Ao cônjuge e ascendentes do *de cujus*, cabe, como seus herdeiros legitimários (artigo 2157º do C. Civil), a legítima, quota indisponível do património hereditário (artigo 2156º do C. Civil). A legítima do cônjuge e ascendentes é, em caso de concurso, de 2/3 da herança (artigo 2161º, nº 1, do C. Civil). A deixa testamentária a favor de C e H constitui uma liberalidade inoficiosa, na medida em que ofende a legítima dos legitimários (artigo 2168º do C. Civil), e, consequentemente, pode ser reduzida, a requerimento dos herdeiros legitimários, em tanto quanto for necessário para que a legítima seja preenchida (artigo 2169º do C. Civil): neste caso, a deixa testamentária reduz-se para 1/3 da herança.

No entanto, verifica-se que L, cônjuge do *de cujus*, é indigna em relação a este e, como tal, incapaz de lhe suceder (artigo 2034º do C. Civil). G, por sua vez, repudia a herança de A, pelo que é considerado como não chamado à sucessão (artigo 2062º do C. Civil). Não sobrevivem a A outros herdeiros legitimários. Abre-se, então, a sucessão testamentária de A, a que são chamados C, como fiduciária e H, como fideicomissário de metade da herança, ou seja de 500 UC (1 000 UC : 2 = 500 UC). Isto significa que C, ao aceitar a herança de A, tem o dever de conservar os bens e, por morte, os fazer reverter para H ("substituição fideicomissária" - artigo 2286º do C. Civil).

Uma vez que A não dispôs válida e eficazmente da totalidade do património (sobram 500 UC), abre-se a sua sucessão legítima (artigo 2131º do C. Civil), a que são chamados os seus sucessíveis legítimos prioritários sobrevivos: as suas irmãs e meio-irmão, na 3ª classe sucessória ("irmãos e seus descendentes" - artigo 2133º, nº 1, al. c), do C. Civil). A partilha entre irmãos deveria fazer-se por cabeça ou em partes iguais (artigo 2136º do C. Civil). No entanto, como nem todos os irmãos de A são seus irmãos germanos (bilaterais), a regra da sucessão por cabeça é alterada: os irmãos germanos devem receber o dobro dos unilaterais (artigo 2146º do C. Civil). Para efeitos de cálculo, multiplica-se o número de irmãos germanos por dois e adiciona-se o número de unilaterais (neste caso, B = 2 + M = 2 + J = 1, totalizando 5); o valor que lhes caberia (500 UC) é dividido por este número (500 UC : 5 = 100 UC) e aos germanos atribuir-se-á o dobro do que pertence à consanguínea. Assim, a B e M caberia 200 UC, a cada e a J caberia 100 UC.

Em resumo: C receberá 500 UC; M receberá 200 UC; B receberá 200 UC; J receberá 100 UC.

Caso Prático 96

Tema: Sucessão legal; comoriência

António é filho de Xavier e irmão de Diogo. António é também pai de Bernardo que é casado com Carolina. António e Bernardo morrem num mesmo acidente de viação. Descreva passo a passo a sucessão por morte de António e de Bernardo.

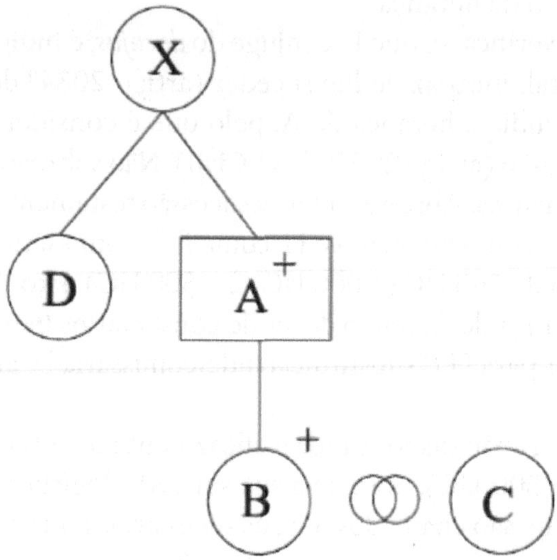

Resolução do Caso:

Por morte de A e de B abre-se a sucessão de cada um deles (art. 2031º do C. Civil).

Sobrevivem a A o seu pai, X e o seu irmão, D. Sobrevivem a B o seu cônjuge, C e o seu avô, X. Morrendo A no mesmo acidente de viação que B e caso não consiga determinar-se qual deles sobrevive ao outro, presume-se a comoriência (que ambos morreram simultaneamente – art. 68º, nº 2, do C. Civil), o que implica que nem A suceda a B nem B suceda a A, pois falta o requisito da sobrevivência de um ao outro.

Assim, quanto à sucessão de A, sucede-lhe, como único herdeiro, na 2ª classe sucessória, o sei pai, X, ascendente do 1º grau (art. 2133º, nº 1, al. b), do C. Civil). A vocação e aceitação por X afastam da sucessão o seu irmão, D, colateral do 2º grau, que integra a 3ª classe sucessória (art. 2133º, nº 1, al. c), do C. Civil), tendo em consideração a regra da preferência de classes (art. 2134º C. Civil). X recebe a totalidade da herança de A. Como se disse, B, descendente que integraria a 1ª classe sucessória de A (art. 2133º, nº 1, al. a), do C. Civil), não chega a ser chamado, já que se presume que não lhe sobrevive.

À sucessão de B, são chamados o seu cônjuge, C e o seu avô, X, ascendente do 2º grau, ambos na 2ª classe sucessória ("cônjuge e ascendentes" – art. 2133º, nº 1, al. b), do C. Civil). A não sucede a B, posto que se presume que não lhe sobrevive. D, tio, não sucede a B, posto que, sendo seu colateral do 3º grau, apenas integraria a 4ª classe sucessória ("outros colaterais até ao 4º grau" – art. 2133º, nº 1, al. d), do C. Civil), sendo afastado segundo a regra da preferência de classes (art. 2134º do C. Civil). C e X repartem a herança de B, dividindo-a não em partes iguais, mas pertencendo a C, cônjuge, 2/3 e a X, ascendente, 1/3 (art. 2142º, nº 1, do C. Civil).

Em resumo: X recebe a totalidade da herança de A; a B, sucedem C, em 2/3 da herança, e X, em 1/3.

Caso Prático 97

Tema: Sucessão dos ascendentes; substituição fideicomissária; legado

Diogo é autor da sucessão. Diogo é filho de José, que é casado com Renata, e de Helga, que é casada com Sónia. Helga e José têm outro filho, Tiago, irmão de Diogo. Diogo instituiu como sua fiduciária Enilda e como sua fideicomissária Filipa numa quota de um quarto do património hereditário. Diogo instituiu um legado de um terreno em benefício conjunto de Vera e Urraca. Descreva passo a passo a sucessão de Diogo, considerando ainda que: a) o conjunto das deixas testamentárias tem o valor de exatamente metade do património hereditário; b) Filipa repudia; c) Vera repudia. Indique também as quotas ou bens em que cada um sucede.

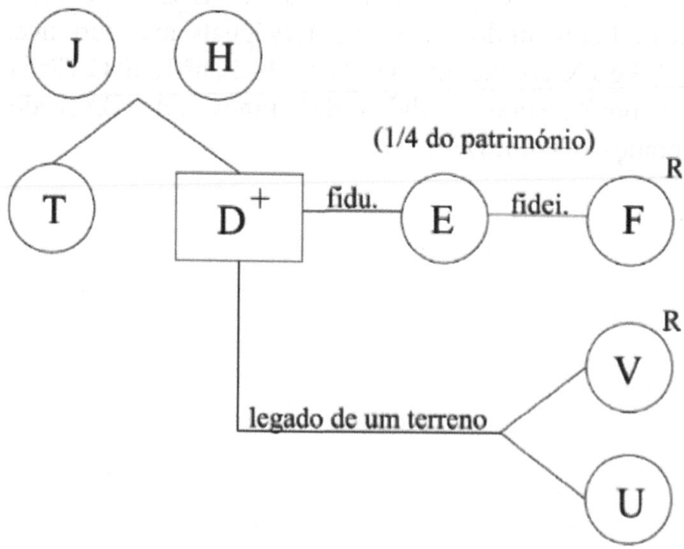

Resolução do Caso:

Por morte de D, abre-se a sua sucessão (art. 2031º C. Civil).

Sobrevivem a D – além de vários sucessíveis testamentários: E, fiduciária; F, fideicomissária; V e U, legatárias (art. 2030º, nº 2, do C. Civil) – o seu pai, J (casado com R), a sua mãe, H (casada com S) e o seu irmão, T.

Os sucessíveis prioritários de D são os seus pais, J e H, que são sucessíveis legais legitimários da 2ª classe sucessória (arts. 2157º, *in fine* e 2133º, nº 1, al. b), do C. Civil). Não sobrevivem sucessíveis da 1ª classe, integrada por cônjuge e descendentes (art. 2133º, nº 1, al. a), do C. Civil). Aos sucessíveis legitimários indicados (os pais de D), ascendentes do 1º grau da linha reta, pertence uma legítima, quota indisponível do património do *de cujus* (art. 2156º C. Civil), de 1/2 da herança (art. 2161º, nº 2, do C. Civil). Visto que o conjunto das deixas testamentárias realizadas por D tem o valor exatamente de metade do património hereditário, não há qualquer liberalidade inoficiosa a reduzir por ofensa da legítima (arts. 2168º e 2169º C. Civil). A partilha entre os ascendentes faz-se por cabeça ou em partes iguais (arts. 2142º, nº 3 e 2136º C. Civil).

Verifica-se que D institui E como fiduciária de 1/4 do património hereditário e F como fideicomissária desse valor. Tal significa que E, caso aceite a sucessão, deve conservar os bens para os fazer reverter, por sua morte, para F (substituição fideicomissária – art 2286º C. Civil). Visto que F repudia a deixa, fica sem efeito a substituição e a titularidade dos bens considera-se adquirida definitivamente pela fiduciária, E, desde a morte do testador (art. 2293º, nº 2, do C. Civil). Ainda que F tivesse descendentes que a pudessem representar (direito de representação na sucessão testamentária – art. 2041º, nº 1, do C. Civil), tal representação não se daria aqui, visto que a lei a afasta expressamente, remetendo para a solução antes exposta (art. 2041º, nº 2, al. b), do C. Civil).

V e U deveriam repartir entre si o legado do terreno deixado por D. Visto que V repudia, U acresce na quota daquela, já que V e U foram nomeadas co-legatárias do mesmo objeto (art. 2302º, nº 1, do C. Civil), tornando-se U a única a receber, por sucessão, o terreno de D.

Visto que, assim, D dispôs validamente de toda a quota disponível do seu património, não se abre a sua sucessão legal legítima (art. 2131º C. Civil). Ainda que esta fosse aberta, T (na 3ª classe sucessória – art. 2133º, nº 1, al. c), do C. Civil) não seria chamado, posto que os seus pais (e pais de D), J e H (na 2ª classe sucessória – art. 2133º, nº 1, al. b), do C. Civil), beneficiam de título de vocação prioritário (cfr. art. 2134º C. Civil).

R e S não beneficiam de qualquer título de vocação, nem legal (não são parentes ou cônjuge de D) (art. 2032º C. Civil) nem testamentário ou contratual (art. 2026º C. Civil).

Em resumo: H e J receberão 1/4 da herança, cada um; E receberá 1/4; U receberá o terreno.

Caso Prático 98

Tema: Sucessão dos ascendentes; sucessão testamentária; direito de acrescer entre herdeiros

Acácia é autora da sucessão. Acácia é filha de Bernardo e de Eulália. Bernardo tem outro filho, Carlos. Acácia institui como seus herdeiros Fátima (em 1/4 da herança), Gabriel (em 1/6 da herança) e Hilária (em 1/12 da herança). Descreva, passo a passo e fundamentando sempre, a sucessão de Acácia, considerando ainda que: a) Bernardo é pré-falecido; b) Fátima repudia. Indique as quotas em que cada um sucede.

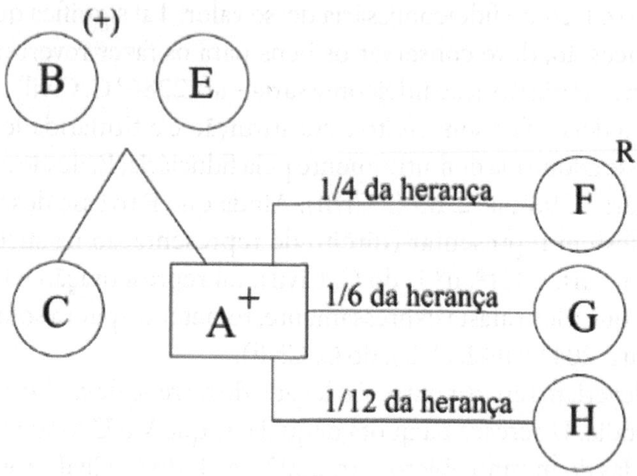

Resolução do Caso:

Por morte de A, abre-se a sua sucessão (art. 2031º do C. Civil). Verifica-se que A dispõe de 1/2 do seu património a favor de três sujeitos (F, G, e H). Ora, a A sobrevive também E, sua mãe (o pai, B, é pré-falecido). E é herdeira legitimária de A, posto que é sua ascendente (art. 2157º do C. Civil), cabendo-lhe a legítima, quota indisponível do património hereditário (art. 2156º do C. Civil). A legítima dos ascendentes do 1º grau (pais do *de cujus*) é de 1/2 da herança (art. 2161º, nº 2, do C. Civil), pelo que a instituição dos testamentários (F, G e H) antes referida não é inoficiosa (cfr. art. 2168º do C. Civil).

Como se disse, aos sucessíveis testamentários cabe, em conjunto, metade da herança. Mas A não os instituiu em partes iguais: a F deixou 1/4 da herança, a G 1/6 e a H 1/12. Como F repudia a sua parte, os dois outros herdeiros testamentários acrescem na sua quota (art. 2301º, nº 1, do C. Civil) (na ausência de disposição legal que o preveja e face à letra do preceito citado, só os herdeiros "instituídos"/testamentários acrescem na quota do sucessível testamentário que repudia). Porém, como as deixas aos testamentários não são iguais, deve, no acrescer, respeitar-se a proporção entre eles (art. 2301º, nº 2, do C. Civil). Assim, a G cabe, além do 1/6 que A lhe deixara, 2/3 da parte que F repudiou (2/3 de 1/4 = 1/6), pelo que receberá 1/6 + 1/6 = 1/3 da herança. Por seu lado, a H cabe, além do 1/12 que A lhe deixara, 1/3 da parte que F repudiou (ou seja, 1/3 de 1/4 = 1/12), pelo que receberá 1/12 + 1/12 = 1/6 da herança.

Visto que A dispôs validamente do remanescente (descontada a legítima do legitimário) do seu património, não chega a abrir-se a sucessão legítima (art. 2131º do C. Civil), pelo que C não chega a ser chamado.

Em resumo: E receberá 1/2 da herança; G receberá 1/3 do património hereditário e H 1/6.

Caso Prático 99

Tema: Sucessão do cônjuge; sucessão testamentária; sucessão sob condição

Gonçalo é autor da sucessão. Gonçalo é casado com Zulmira. Gonçalo institui Bento como herdeiro universal, sob condição de Bento concluir o curso de Direito. Bento tem um filho, Carlos. Bento não conclui o curso e morre. Descreva passo a passo a sucessão de Gonçalo.

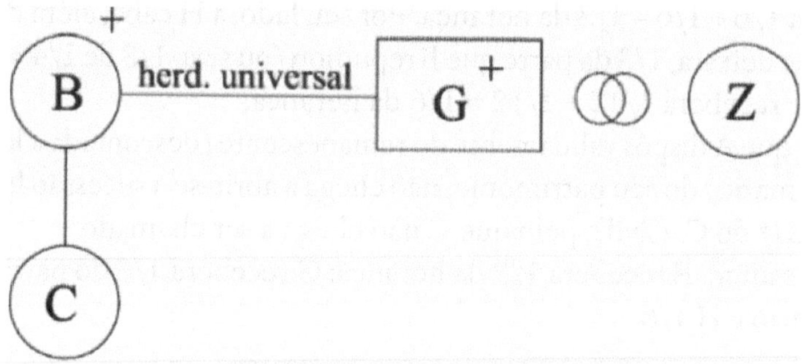

Resolução do Caso:

Por morte de G, abre-se a sua sucessão (art. 2031º C. Civil).

Sobrevivem a G o seu cônjuge, Z, e B, instituído como herdeiro universal de G.

A Z, cônjuge do autor da sucessão, cabe, como sucessível legal legitimária (a única, neste caso – art. 2157º do C. Civil), uma quota indisponível do património hereditário, a legítima (art. 2156º do C. Civil). A legítima do cônjuge, quando concorra sozinho à sucessão, é de 1/2 da herança (art. 2158º do C. Civil). A deixa da totalidade da herança a B é, pois, inoficiosa (ofende a legítima da legitimária, Z), podendo ser reduzida – neste caso, a apenas 1/2 da herança – a requerimento desta (arts. 2168º, nº 1 e 2169º do C. Civil).

Verifica-se que a instituição de B como herdeiro é feita sob condição de este concluir o curso de Direito. O testador pode sujeitar a instituição de herdeiro a condição suspensiva (art. 2229º do C. Civil), como é aqui o caso, fazendo depender da sua verificação a produção de efeitos dessa instituição.

Significa isto que o principal efeito da abertura da sucessão, o chamamento dos sucessíveis prioritários com atribuição do direito de suceder, não se produz até que a condição se verifique [neste sentido, Oliveira Ascensão, *Direito das Sucessões*, Coimbra, n.º 157-I]. Este entendimento é confirmado pelo disposto no art. 2059º, nº 2, 1ª parte, do C. Civil, que determina que, no caso de instituição sob condição suspensiva, o prazo de caducidade para o exercício do direito de suceder se conta só a partir do conhecimento da verificação da condição (em regra, conta-se a partir do momento em que o sucessível foi chamado à sucessão, com a abertura desta – art. 2059º, nº 1, do C. Civil), o que confirma que a atribuição do direito de suceder a B fica suspensa sob condição.

Diz-se que B morre sem concluir o curso de Direito. Visto que a atribuição do seu direito de suceder a G estava suspensa da verificação da condição (conclusão do curso), não há direito de suceder que possa ser transmitido aos sucessores de B (neste caso a C), como normalmente aconteceria se este lhe estivesse já atribuído com o chamamento à abertura da sucessão (art. 2058º, nº 1, do C. Civil). É esta a solução que resulta do disposto no art. 2317º, al. b), do C. Civil): a disposição testamentária que havia instituído o herdeiro (B) sob condição de este concluir o curso de Direito caduca se este morrer antes de a condição se verificar (sem haver concluído o curso) [também neste sentido, Oliveira Ascensão, *Direito das Sucessões*, Coimbra, n.º 157-I].

Caducando, nos termos expostos, a disposição a favor de B e não havendo qualquer outra prescrição testamentária ou contratual de disposição dos bens de G, deve, quanto à quota disponível, proceder-se ao chamamento dos sucessíveis legais legítimos prioritários (arts. 2131º e 2132º C. Civil). Z surge também como sucessível legal legítima prioritária (e única) de G, na 1ª classe sucessória (art. 2133º, nº 2 C. Civil), pelo que recebe sozinha também a quota disponível dos bens hereditários de G.

Em resumo, Z é, aqui, a única sucessora de G.

Caso Prático 100

Tema: Sucessão legal; sucessão do cônjuge; liberalidade inoficiosa; renúncia à legítima; recomposição da legítima

Albano é autor da sucessão. Albano é casado com Susana, no regime de separação de bens. Albano é filho de Eugénia e de Firmino. Descreva passo a passo a sucessão de Albano, considerando também que: a) o património hereditário é de 900 UC; b) Albano e Susana renunciaram, na convenção antenupcial, à legítima um do outro; c) Albano institui, por testamento, Susana como legatária de 400 UC e Heitor como legatário de 300 UC.

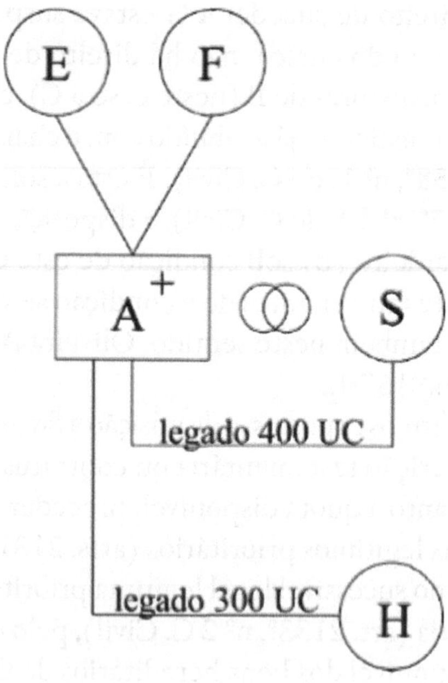

Resolução do Caso:

Por morte de A, abre-se a sua sucessão (artigo 2031º do C. Civil).

Sobrevivem a A os seus pais, E e F, o seu cônjuge, S e o seu herdeiro testamentário, H.

Verifica-se que A dispôs por morte, por testamento, de 7/9 do seu testamento (4/9 ou 400 UC a favor de S e 3/9 ou 300 UC a favor de H).

Como a A sobrevivem tanto os seus pais como o seu cônjuge, sem o concurso de filhos, todos são herdeiros legitimários (art. 2157º C. Civil), a quem cabe uma quota indisponível do património hereditário, a legítima (art. 2156º C. Civil). *Se todos tivessem direito à legítima*, esta seria de 2/3 da herança, ou seja, 600 UC (art. 2161º/1 C. Civil). Esta legítima seria repartida não em partes iguais, como é a regra geral (art. 2136º C. Civil), mas 2/3 para o cônjuge, ou seja 4/9 da herança (2/3 de 2/3 = 2/3 × 2/3 = 4/9 ou 400 UC) e 1/3 para os pais, ou seja 2/9 da herança ou 200 UC (1/3 de 2/3 = 1/3 × 2/3 = 2/9 ou 200 UC) (arts. 2157º, *in fine* e 2142º/1 C. Civil).

Já a legítima dos pais, quando não concorram com o cônjuge, é de 1/2 da herança (art. 2161º/2 C. Civil).

Como se disse antes, ao cônjuge sobrevivo, S, caberia também uma porção da legítima, pois também seria legitimária (mesmo art. 2157º C. Civil). Dá-se, porém, aqui, o caso de S ter renunciado a essa condição (art. 1700º/1-c) C. Civil), o que passou a ser admitido desde que entre os cônjuges vigore o regime de separação de bens (art. 1700º/3 C. Civil). Assim, concorrem à sucessão de A apenas dois herdeiros legitimários, os seus pais, E e F. A legítima dos pais (apenas) é, pois, neste caso, de 1/2 da herança, ou seja, 450 UC (art. 2161º/2 C. Civil), considerando-se que tudo se passa, para este efeito, como não havendo cônjuge sobrevivo *com direito à legítima*. A legítima deve ser repartida em partes iguais, ou por cabeça (arts. 2157º, *in* fine e 2142º/3 C. Civil), cabendo a cada pai 1/4 (1/2 de 1/2 ou 1/2 × 1/2 = 1/4) da herança (225 UC).

As deixas a S (de 400 UC) e a H (de 300 UC), que totalizam 7/9 do património hereditário, ofenderiam, assim, a legítima dos legitimários (os pais de A), constituindo, em princípio, uma liberalidade inoficiosa (art. 2168º/1 C. Civil), que pode ser reduzida a requerimento dos legitimários, em tanto quanto for necessário para preencher integralmente a legítima (art. 2169º C. Civil). Como a quota disponível para S e H seria, pois, de apenas 450 UC, deveriam essas deixas, que totalizam 700 UC, ser reduzidas proporcionalmente (art. 2172º/1 C. Civil).

No entanto, nos termos expressos do novo n.º 2 do art. 2168º C. Civil, não são inoficiosas as liberalidades a favor do cônjuge sobrevivo que tenha renunciado à legítima (e que, por conseguinte, tenha deixado de ser herdeiro legitimário), *até à parte da herança correspondente à sua porção da legítima caso a renúncia não existisse.* Tudo se passa como se a legítima fosse recomposta, passando a contar com o cônjuge como herdeiro legitimário que, na verdade e fruto da sua renúncia, deixou de ser. Ora, como se viu, a parte que caberia ao cônjuge se concorresse à sucessão como legitimário seria de 4/9 do património hereditário, ou seja, 400 UC, valor que é superior à parte que lhe caberia se apenas repartisse a quota disponível com H. Em consequência da dita recomposição da legítima, a quota dos ascendentes também passa de 1/2 da herança para 2/9, pois tudo acontece como se passassem a concorrer à sucessão com o cônjuge. As deixas a S e H não têm, pois, de ser reduzidas.

Em resumo: E receberá 100 UC (1/2 de 2/9 = 1/9 de 900 UC = 100 UC); F outras 100 UC; S o legado de 400 UC e H 300 UC.

Caso Prático 101

Tema: Sucessão legal; sucessão do cônjuge; liberalidade inoficiosa, renúncia à legítima; recomposição da legítima

Adílio é autor da sucessão. Adílio é casado com Basília, no regime de separação de bens. Adílio é pai de Gonçalino. Descreva passo a passo a sucessão de Adílio, considerando também que: a) o património hereditário é de 900 UC; b) Adílio e Basília renunciaram, na convenção antenupcial, à legítima um do outro; c) Adílio institui, por testamento, Basília como legatária de 300 UC e Lucas como legatário de 300 UC.

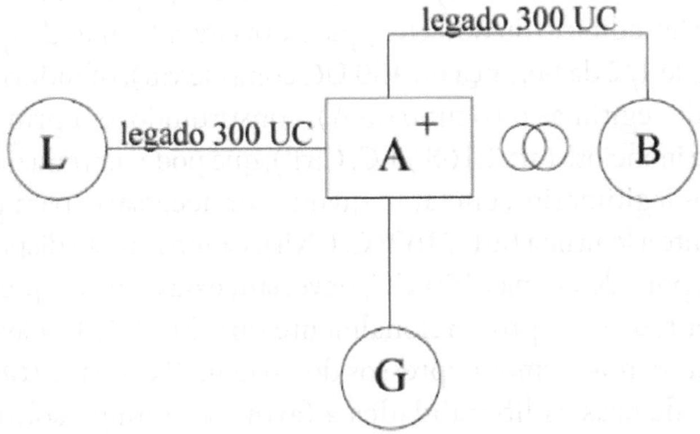

Resolução do Caso:

Por morte de A, abre-se a sua sucessão (artigo 2031º do C. Civil).

Sobrevivem a A o seu filho, G, o seu cônjuge, B e o seu herdeiro testamentário, L.

Verifica-se que A dispôs por morte, por testamento, de 6/9 do seu testamento (3/9 ou 300 UC a favor de B e 3/9 ou 300 UC a favor de L).

Dado que a A sobrevivem tanto o seu filho como o seu cônjuge, todos são herdeiros legitimários (art. 2157º C. Civil), a quem cabe uma quota indisponível do património hereditário, a legítima (art. 2156º C. Civil). *Se todos tivessem direito à legítima*, esta seria de 2/3 da herança, ou seja, 600 UC (art. 2159º/1 C. Civil). Esta legítima seria repartida por cabeça ou em partes iguais (art. 2139º/1 C. Civil), ou seja, 1/3 para o cônjuge e 1/3 para o filho (1/2 de 2/3 = 1/2 × 2/3 = 2/6 = 1/3 ou 300 UC para cada um).

Já a legítima do filho, quando não concorra com o cônjuge, é de 1/2 da herança (art. 2159º/2 C. Civil).

Como se disse antes, ao cônjuge sobrevivo, B, caberia também uma porção da legítima, pois também seria legitimário (mesmo art. 2157º C. Civil). Dá-se, porém, aqui, o caso de B ter renunciado a essa condição (art. 1700º/1-c) C. Civil), o que passou a ser admitido desde que entre os cônjuges vigore o regime de separação de bens (art. 1700º/3 C. Civil). Assim, concorre à sucessão de A apenas um herdeiro legitimário, o seu filho, G. A legítima do filho (apenas) é, pois, neste caso, de 1/2 da herança, ou seja, 450 UC (art. 2161º/2 C. Civil), considerando-se que tudo se passa, para este efeito, como não havendo cônjuge sobrevivo *com direito à legítima*.

As deixas a B (de 300 UC) e a L (de 300 UC), que totalizam 6/9 do património hereditário ou 600 UC (que é obviamente mais do que a quota disponível, de 1/2 da herança ou 450 UC como se viu), ofenderiam, assim, a legítima do legitimário (o filho de A), constituindo, em princípio, uma liberalidade inoficiosa (art. 2168º/1 C. Civil), que pode ser reduzida a requerimento dos legitimários, em tanto quanto for necessário para preencher integralmente a legítima (art. 2169º C. Civil). Como a quota disponível para B e L seria, pois, de apenas 450 UC, deveriam essas deixas, que totalizam 600 UC, ser reduzidas proporcionalmente (art. 2172º/1 C. Civil).

No entanto, nos termos expressos do novo n.º 2 do art. 2168º C. Civil, não são inoficiosas as liberalidades a favor do cônjuge sobrevivo que tenha renunciado à legítima (e que, por conseguinte, tenha deixado de ser herdeiro legitimário), *até à parte da herança correspondente à sua porção da legítima caso a renúncia não existisse*. Tudo se passa como se a legítima fosse recomposta, passando a contar com o cônjuge como herdeiro legitimário que, na verdade e fruto da sua renúncia, deixou de ser. Ora, como se viu, a parte que caberia ao cônjuge se concorresse à sucessão como legitimário seria de 1/3 do património hereditário, ou seja, 300 UC (exatamente o valor que A lhe atribui por testamento), valor que é superior à parte que lhe caberia se apenas repartisse a quota disponível com L. Em consequência da dita recomposição da legítima, a quota do filho passa de 1/2 da herança para 1/3, pois tudo acontece como se passasse a concorrer à sucessão com o cônjuge. As deixas a B e L não têm, pois, de ser reduzidas.

Em resumo: B receberá 300 UC (1/2 de 2/3 = 1/3 de 900 UC); G o legado de 300 UC; e L 300 UC.

Caso Prático 102

Tema: Sucessão de irmãos e seus descendentes; direito de representação

Idália é autora da sucessão. Idália é filha de Heitor. Idália é irmã de Paulo, de Amílcar e de Francisco. Idália é tia de Simão e Guilherme, filhos de Amílcar. Descreva passo a passo a sucessão de Idália, considerando que Heitor, Francisco e Amílcar são pré-falecidos e que Paulo repudia.

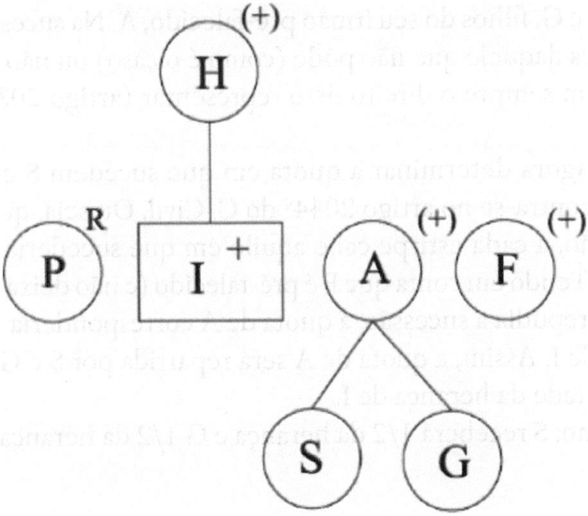

Resolução do Caso:

Por morte de I, abre-se a sua sucessão (artigo 2031º do C. Civil).

Sobrevivem a I o seu irmão, P, e os seus sobrinhos, S e G, filhos de A. Os seus irmãos, A e F, e o seu pai, H, são pré-falecidos.

O sucessível prioritário de I deveria ser o seu pai, H, herdeiro legal na 2ª classe sucessória (artigo 2133º, nº 1, al. b), do C. Civil), chamado em primeiro lugar na ausência de cônjuge e descendentes, que ocupam a 1ª classe de sucessíveis (artigos 2133º, al. a) e 2142º, do C. Civil). Tendo em conta a regra da preferência de classes (artigo 2134º do C. Civil), H seria o sucessível prioritário de I. No entanto, H não sobrevive a I e, por lhe faltar o requisito da sobrevivência, não sucede a I.

Uma vez que I não deixa herdeiros legitimários (cônjuge, descendentes ou ascendentes) e não dispôs válida e eficazmente dos bens de que podia dispor para depois da morte, abre-se a sucessão legítima (artigo 2131º do C. Civil) e são chamados os sucessíveis legítimos prioritários que, neste caso, são o seu irmão P e os seus sobrinhos S e G, que ocupam a 3ª classe de sucessíveis ("irmãos e seus descendentes"– artigo 2133º, nº 1, al. c), do C. Civil).

No entanto, verifica-se que P repudia a herança de I. Desta forma, P é considerado como não havendo sido chamado à sucessão (artigo 2062º do C. Civil). Assim, restam apenas como sucessíveis legítimos os seus sobrinhos, S e G, filhos do seu irmão pré-falecido, A. Na sucessão legal, os descendentes daquele que não pôde (como é o caso) ou não quis aceitar a herança têm sempre o direito de o representar (artigo 2039º e 2042º, do C. Civil).

Importa agora determinar a quota em que sucedem S e G. A regra aplicável encontra-se no artigo 2044º do C. Civil. Ou seja, quando existe representação, a cada estirpe cabe aquilo em que sucederia o respetivo ascendente. Tendo em conta que F é pré-falecido (e não deixa descendentes) e que P repudia a sucessão, a quota de A corresponderia à totalidade da herança de I. Assim, a quota de A será repartida por S e G, cabendo a cada um, metade da herança de I.

Em resumo: S receberá 1/2 da herança e G 1/2 da herança.

Caso Prático 103

Tema: Sucessão de irmãos e seus descendentes; irmãos germanos e unilaterais

Pedro é autor da sucessão. Pedro é filho de Guilherme e neto de João. Guilherme tem mais dois filhos, Maria que é irmã consanguínea de Pedro e Zélia que é irmã germana daquele. Descreva passo a passo a sucessão por morte de Pedro, considerando que Guilherme é pré-falecido e que João repudia.

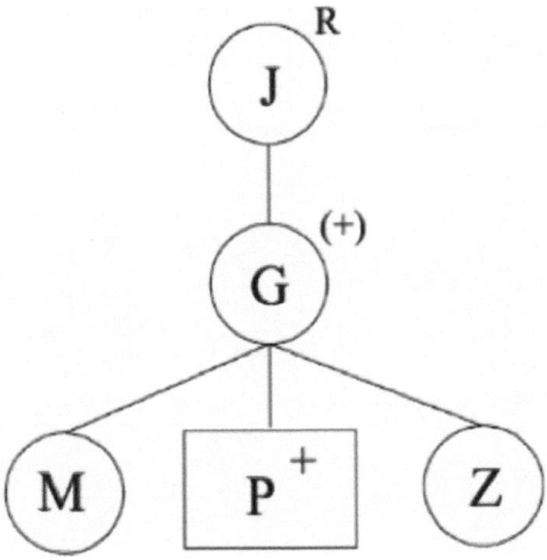

Resolução do Caso:

Por morte de P, abre-se a sua sucessão (art. 2031º do C. Civil).

Sobrevivem a P o seu avô, J (o pai, G, é pré-falecido) e as irmãs, M e Z.

J, ascendente do 2º grau da linha reta, é sucessível legal legitimário de P (art. 2157º do C. Civil), cabendo-lhe a legítima, quota indisponível do património hereditário (art. 2156º do C. Civil). A legítima do ascendente do 2º grau, que não concorra com cônjuge na sucessão, é de 1/3 da herança (art. 2161º/2 C. Civil). J receberia ainda o remanescente da herança como sucessível legítimo prioritário (arts. 2131º, 2132º, 2133º, nº 1, al. b) e 2134º do C. Civil).

No entanto, J repudia a sucessão, pelo que é considerado como não havendo sido chamado (art. 2062º C. Civil). São, assim, chamados os sucessíveis subsequentes de P (art. 2137º, nº 1, do C. Civil), que são as suas irmãs, M e Z (art. 2133º, nº 1, al. c), do C. Civil). A partilha entre os irmãos deveria, em princípio, fazer-se por cabeça ou em partes iguais (art. 2136º do C. Civil). No entanto, diz-se que Z é irmã germana de P, filha do mesmo pai e da mesma mãe e que M é irmã consanguínea, unilateral, filha apenas do mesmo pai que Z. Nestes termos, Z, irmã germana, deverá receber o dobro da quota de M, irmã unilateral (art. 2146º C. Civil).

Em resumo, Z sucederá em 2/3 da herança de P e M em 1/3.

Caso Prático 104

Tema: Sucessão de irmãos e seus descendentes; irmãos germanos e unilaterais

Pedro é autor da sucessão. Pedro é filho de Gonçalo e neto de Fernanda. Gonçalo tem outros filhos: Tiago, irmão consanguíneo de Pedro; Mariana, Joana e Lídia, irmãs germanas do autor da sucessão; e Berta, sua irmã uterina. Descreva passo a passo a sucessão de Pedro, considerando que Gonçalo é pré-falecido, Fernanda repudia e que Pedro atribui a Berta, por testamento, metade do seu património. O património hereditário é de 32 000 UC. Indique os valores absolutos em que cada um sucede.

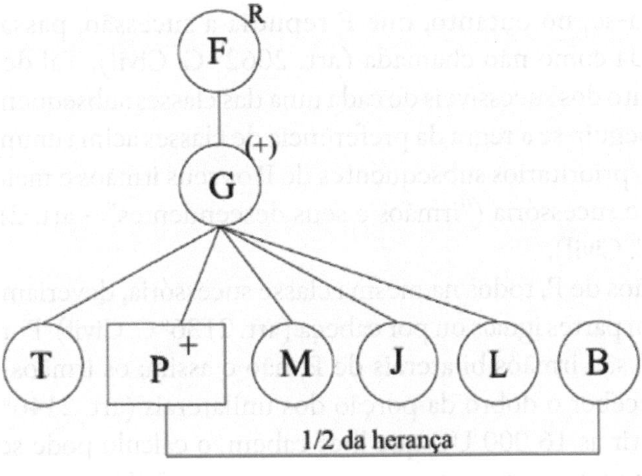

Resolução do Caso:

Por morte de P, abre-se a sua sucessão (art. 2031º C. Civil).

Sobrevivem a P: a sua avó, F (o pai, G, é pré-falecido); e os irmãos T (consanguíneo, filho do mesmo pai e de mãe diferente), M, J e L (irmãs germanas ou bilaterais, filhas do mesmo pai e da mesma mãe) e B (irmã uterina, filha da mesma mãe de P, mas de pai diferente), também contemplada em testamento.

O sucessível prioritário de P é a sua avó, F, ascendente do 2º grau da linha reta, chamada na 2ª classe sucessória (art. 2133º, nº 1, al. b), do C. Civil). F é chamada como sucessível legal legitimária (art. 2157º do C. Civil), a quem caberia uma legítima, quota indisponível do património hereditário (art. 2156º do C. Civil), de 1/3 da herança (art. 2161º, nº 2, *in fine*, C. Civil).

Verifica-se que P atribui, por testamento, metade dos seus bens à sua irmã B. Esta deixa não ofende a legítima da legitimária F, que é, como se viu, de 1/3 da herança. Assim, além da legítima de 1/3, pertencente a F, 1/2 dos bens de P (16000 UC) pertencem a B.

O remanescente dos bens de P seria atribuído ainda a F, agora como sucessível legal legítima prioritária (arts. 2131º, 2132º e 2133º, nº 1, al. b), do C. Civil). O seu chamamento e aceitação da sucessão de P afastariam os irmãos deste da sucessão, considerada a regra da preferência de classes (art. 2134º do C. Civil). F poderia, então, receber 1/2 da herança de P: 1/3 a título de legítima + o remanescente da quota disponível, depois de descontada a deixa a B. A porção de F seria, então, de 16000 UC.

Verifica-se, no entanto, que F repudia a sucessão, passando a ser considerada como não chamada (art. 2062º C. Civil). Tal determina o chamamento dos sucessíveis de cada uma das classes subsequentes, continuando a seguir-se a regra da preferência de classes acima enunciada. São sucessíveis prioritários subsequentes de P os seus irmãos e meios-irmãos, na 3ª classe sucessória ("irmãos e seus descendentes" - art. 2133º, nº 1, al. c), do C. Civil).

Os irmãos de P, todos na mesma classe sucessória, deveriam repartir a herança em partes iguais ou por cabeça (art. 2136º C. Civil). Porém, como nem todos são irmãos bilaterais de P, não é assim: os irmãos germanos deverão receber o dobro da porção dos unilaterais (art. 2146º C. Civil). Para repartir as 16 000 UC que lhes cabem, o cálculo pode ser feito do seguinte modo: os irmãos germanos contam por 2 (M = 2 + J = 2 + L = 2, totalizando 6) e os unilaterais por 1 (T = 1 + B = 1, totalizando 2); somam-se os resultados apurados (6 + 2 = 8) e divide-se a quota que lhes cabe por este valor (16 000 UC : 8 = 2000 UC); de cada uma destas porções, 2 pertencem a cada um dos irmãos germanos e uma a cada um dos unilaterais. Então, M, J e L recebem 4 000 UC, cada um e B e T 2 000 UC, cada um. B beneficia de um título de vocação testamentária (pelo qual recebe 1/2 da herança = 16 000 UC) e de um título de vocação legal legítima (pelo qual recebe + 2 000 UC).

Em resumo: B receberá 18 000 UC (16 000 UC por testamento e o remanescente como sucessora legítima); M, J e L receberão 4 000 UC, cada um; T receberá 2 000 UC.

Caso Prático 105

Tema: Sucessão de irmãos e seus descendentes; irmãos germanos e unilaterais

Pedro é autor da sucessão. Pedro é filho de Germana e neto de João. Pedro tem dois irmãos germanos, Zélia e Rui, um irmão consanguíneo, Mário e um irmão uterino, Nelson. Mário tem quatro filhos, Tiago, Lúcia, Olga e Sara. Descreva passo a passo a sucessão de Pedro e indique os valores em que cada um dos sucessores deve suceder, considerando que o património hereditário é de 60 UC, que Germana é pré-falecida e que João e Mário repudiam.

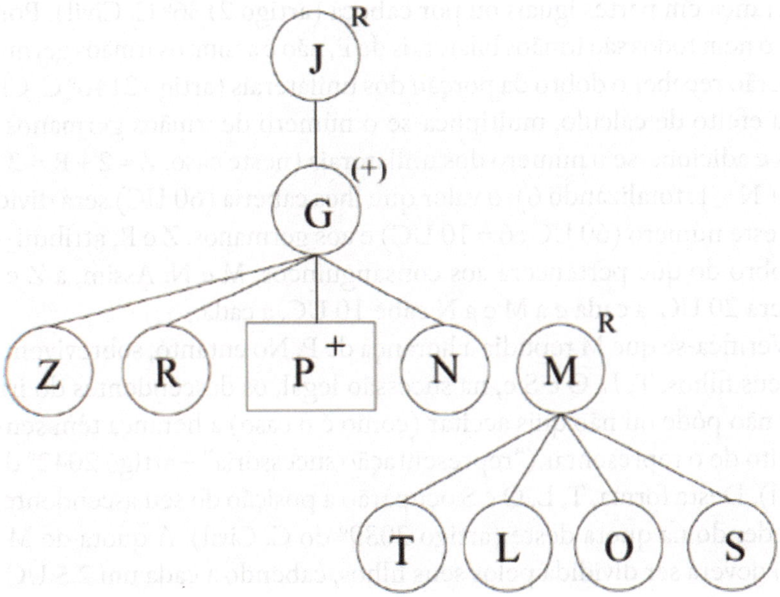

Resolução do Caso:

Por morte de P, abre-se a sua sucessão (artigo 2031º do C. Civil).

Sobrevivem a P o seu avô, J (a sua mãe, G, é pré-falecida), os seus irmãos germanos (bilaterais), Z e R, o seu irmão uterino (unilateral), N, o seu irmão consaguíneo (unilateral), M, e os seus sobrinhos, T, L, O e S, filhos de M.

O sucessível prioritário de P é o seu avô, J, ascendente do 2º grau da linha reta, chamado na 2ª classe sucessória ("cônjuge e ascendentes" – artigo 2133º, nº 1, al. b), do C. Civil), afastando os irmãos e sobrinhos de P da sucessão (que integram só a 3ª classe sucessória – "irmãos e seus descendentes" – artigo 2133º, nº 1, al. c), do C. Civil), tendo em conta a regra da preferência de classes (artigo 2134º do C. Civil) e recebendo a totalidade da herança de P, 60 UC.

No entanto, verifica-se que J repudia a sucessão de P, considerando-se como não chamado (artigo 2062º do C. Civil). Ora, isto implica o chamamento dos sucessíveis da classe subsequente. Os sucessíveis prioritários subsequentes de P são os seus irmãos e sobrinhos, na 3ª classe sucessória, como se viu.

Os irmãos de P, todos na mesma classe sucessória, deveriam repartir a herança em partes iguais ou por cabeça (artigo 2136º C. Civil). Porém, como nem todos são irmãos bilaterais de P, não é assim: os irmãos germanos deverão receber o dobro da porção dos unilaterais (artigo 2146º C. Civil). Para efeito de cálculo, multiplica-se o número de irmãos germanos por dois e adiciona-se o número dos unilaterais (neste caso, Z = 2 + R = 2 + M = 1 + N = 1, totalizando 6); o valor que lhes caberia (60 UC) será dividido por este número (60 UC : 6 = 10 UC) e aos germanos, Z e R, atribuir-se-á o dobro do que pertencerá aos consanguíneos, M e N. Assim, a Z e a R caberá 20 UC, a cada e a M e a N cabe 10 UC, a cada.

Verifica-se que M repudia a herança de P. No entanto, sobrevivem a M os seus filhos, T, L, O e S e, na sucessão legal, os descendentes do irmão que não pôde ou não quis aceitar (como é o caso) a herança têm sempre direito de o representar ("representação sucessória" – artigo 2042º do C. Civil). Desta forma, T, L, O e S ocuparão a posição do seu ascendente, M, sucedendo na quota deste (artigo 2039º do C. Civil). A quota de M (10 UC) deverá ser dividida pelos seus filhos, cabendo a cada um 2,5 UC (10 UC : 4 = 2,5 UC).

Em resumo: Z receberá 20 UC; R receberá 20 UC; N receberá 10 UC; T receberá 2,5 UC; L receberá 2,5 UC; O receberá 2,5 UC; S receberá 2,5 UC.

Caso Prático 106

Tema: Sucessão de irmãos e seus descendentes; irmãos germanos e unilaterais

Adelaide é autora da sucessão. Adelaide é filha de Noémia e de João. Noémia e João têm ainda dois outros filhos, Óscar e Pedro. Noémia tem também um filho com Ulpiano, Ricardo, e um filho com Luís, Saul. Descreva passo a passo a sucessão de Adelaide, considerando ainda que: a) o património hereditário é de 900 UC; b) João, Saul e Óscar repudiam; c) Noémia é pré-falecida. Indique o valor em que cada um sucede.

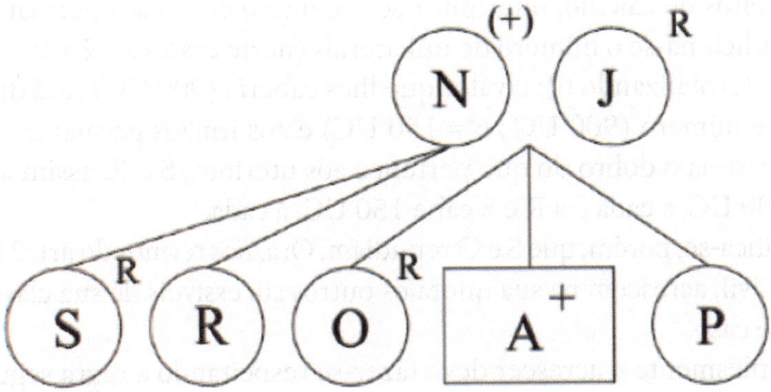

Resolução do Caso:

Por morte de A, abre-se a sua sucessão (artigo 2031º do C. Civil).

Sobrevivem a A o seu pai, J, (a sua mãe, N, é pré-falecida), os seus irmãos germanos (bilaterais), O e P, e os seus irmãos uterinos (unilaterais), S e R.

J, pai de A, é seu sucessível legal legitimário (artigo 2157º do C. Civil), cabendo-lhe uma quota indisponível do património hereditário, a legítima (artigo 2156º do C. Civil). A legítima do ascendente do 1º grau, quando não concorra com o cônjuge à sucessão, é de 1/2 da herança (artigo 2161º, nº 2, do C. Civil).

No entanto, verifica-se que J repudia a sucessão, pelo que é considerado como não chamado (artigo 2062º do C. Civil). Como não sobrevivem a A outros herdeiros legitimários e este não dispôs válida e eficazmente dos bens de que podia dispor para depois da sua morte, abre-se a sucessão legítima (artigo 2131º do C. Civil), e são chamados os seus sucessíveis legais legítimos prioritários, os seus irmãos (bilaterais e unilaterais), na 3ª classe sucessória ("irmãos e seus descendentes" - artigo 2133º, nº 1, al. c), do C. Civil). Importa agora determinar a quota em que sucedem O, P, S e R. A partilha entre irmãos deveria fazer-se por cabeça ou em partes iguais (artigo 2136º do C. Civil). No entanto, diz-se que O e P são irmãos germanos (bilaterais) de A, filhos do mesmo pai e da mesma mãe que este e que S e R são irmãos uterinos (unilaterais), filhos apenas da mesma mãe que A. Nestes termos, os irmãos germanos, O e P, deverão receber o dobro da quota dos irmãos unilaterais, S e R (artigo 2146º do C. Civil). Para efeitos de cálculo, multiplica-se o número de irmãos germanos por dois e adiciona-se o número de unilaterais (neste caso, O = 2 + P = 2 + S = 1 + R = 1, totalizando 6); o valor que lhes caberia (900 UC) será dividido por este número (900 UC : 6 = 150 UC) e aos irmãos germanos, O e P, atribuir-se-ia o dobro do que pertence aos uterinos, S e R. assim a O e P cabe 300 UC, a cada e a R e S cabe 150 UC, a cada.

Verifica-se, porém, que S e O repudiam. Ora, nos termos do art. 2137º/2 do C. Civil, acrescem na sua quota os outros sucessíveis de sua classe, R e P, neste caso.

Simplesmente o acrescer deve fazer-se respeitando a regra segundo a qual aos irmãos germanos cabe o dobro do quinhão dos irmãos unilaterais. Assim, R receberá as 150 UC acima assinaladas, a que acresce 1/3 das porções de S e O, ou seja, 150 UC (450 : 3 = 150), totalizando 300 UC. Já a P cabe, além da sua porção (300 UC), 2/3 dos quinhões de S e O, ou seja, 300 UC (450 × 2/3 = 300), totalizando 600 UC.

Em resumo: R receberá 300 UC; e P receberá 600 UC.

Caso Prático 107

Tema: Sucessão legal; sucessão de irmãos e seus descendentes; sucessão por estirpes

Helga é autora da sucessão. É filha de Simão. Simão tem outros três filhos: Tobias, Manuela e Joaquina. Manuela tem dois filhos: Paulo que tem um filho, Vasco; Luís que tem dois filhos, Dária e Fernando. Descreva passo a passo a sucessão de Helga, considerando que Tobias e Simão são pré-falecidos e que Manuela e Luís repudiam a sucessão. Indique as quotas que caberão a cada um dos sucessores.

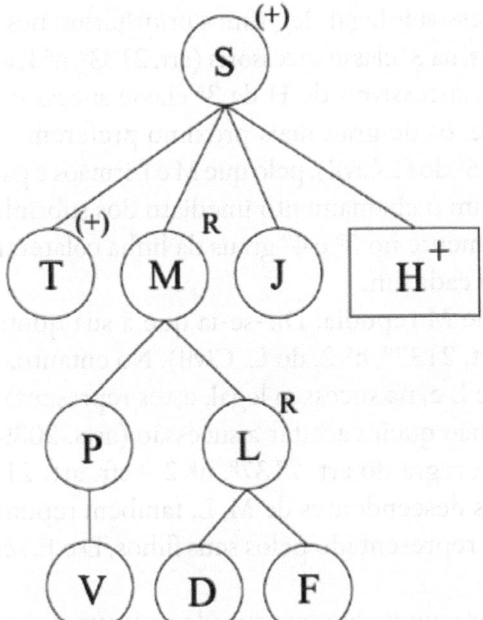

Resolução do Caso:

Por morte de H, abre-se a sua sucessão (art. 2031º C. Civil).

Sobrevivem a H dois irmãos, M e J, os sobrinhos P e L, o filho de P, V e os filhos de L, D e F. O pai de H, S e o irmão de H, T são pré-falecidos.

O sucessível prioritário de H deveria ser o seu pai, S, herdeiro legal na 2ª classe sucessória (art. 2133º, nº 1, al. b), do C. Civil), chamado em primeiro lugar na ausência de sucessíveis da 1ª classe (cônjuge e descendentes – art. 2133º, nº 1, al. a), do C. Civil). O chamamento de S afastaria o dos irmãos de H, bem como o dos descendentes destes, em obediência à regra da preferência de classes (art. 2134º C. Civil). Não sobrevivendo S a H, não lhe pode suceder (falta o requisito da sobrevivência).

H não tem sucessíveis legais legitimários que lhe sobrevivam: o pai é pré-falecido, não tem outros ascendentes, não lhe sobrevivem cônjuge ou descendentes (art. 2157º do C. Civil). Se algum destes sobrevivesse a H, caber-lhe-ia uma quota indisponível da herança, a legítima (art. 2156º do C. Civil).

Não tendo H disposto por morte validamente de quaisquer dos seus bens, abre-se a sua sucessão legítima (art. 2131º do C. Civil), a que são chamados os sucessíveis legais legítimos prioritários: neste caso, irmãos e seus descendentes, na 3ª classe sucessória (art. 2133º, nº 1, al. c), do C. Civil).

Nem todos os sucessíveis de H da 3ª classe sucessória são chamados simultaneamente: os de grau mais próximo preferem aos de grau mais afastado (art. 2135º do C. Civil), pelo que M e J, irmãos e parentes colaterais do 2º grau, afastam o chamamento imediato dos sobrinhos e sobrinhos-netos, respetivamente no 3º e 4º graus da linha colateral. A M e a J cabe 1/2 da herança, a cada um.

Verifica-se que M repudia. Dir-se-ia que a sua quota iria acrescer à da sua irmã, J (art. 2137º, nº 2, do C. Civil). No entanto, sobrevivem a M os seus filhos, P e L e, na sucessão legal, estes representam sempre o seu ascendente que não queira aceitar a sucessão (arts. 2039º e 2042º do C. Civil); afasta-se a regra do art. 2137º, nº 2 – cfr. art. 2138º do C. Civil. Visto que um dos descendentes de M, L, também repudia a sucessão de H, é, por sua vez, representado pelos seus filhos, D e F, segundo a mesma regra.

Interessa saber a quota em que sucede cada um dos sucessores acima enunciados. A regra aplicável encontra-se no art. 2044º C. Civil. A partilha faz-se por estirpes (cada estirpe é composta por um sujeito e seus descendentes): a cada estirpe, ou sub-estirpe, cabe aquilo em que sucederia o ascendente respetivo. Assim, a quota de M (1/2 da herança), que este repudia, será repartida pelos seus descendentes (1/4 para P e 1/4 para a estirpe de L); a quota de L, que também repudia, é repartida, dentro da sua estirpe, pelos seus descendentes, D e F.

Em resumo: J receberá 1/2 da herança; P 1/4; D 1/8; e F 1/8.

Caso Prático 108

Tema: Sucessão de irmãos e seus descendentes; irmãos germanos e unilaterais; sucessão testamentária

Deodata é autora da sucessão. Deodata é filha de Óscar e Berta. Óscar e Berta têm mais dois filhos, Felismino e Graça. Óscar é casado com Domitília, com quem tem uma filha, Esmeralda. Berta tem um outro filho, com Irino, Horácio. Descreva passo a passo a sucessão por morte de Deodata, considerando ainda que: a) o património hereditário é de 36 000 UC; b) Deodata instituiu herdeiros, em metade do seu património hereditário, Licínio, Jaime e Micaela, determinando que Licínio deve receber mais 3 000 UC que os outros dois co-herdeiros testamentários; c) Berta é pré-falecida; d) Óscar, Horácio e Graça repudiam. Indique as quotas em que cada um sucede.

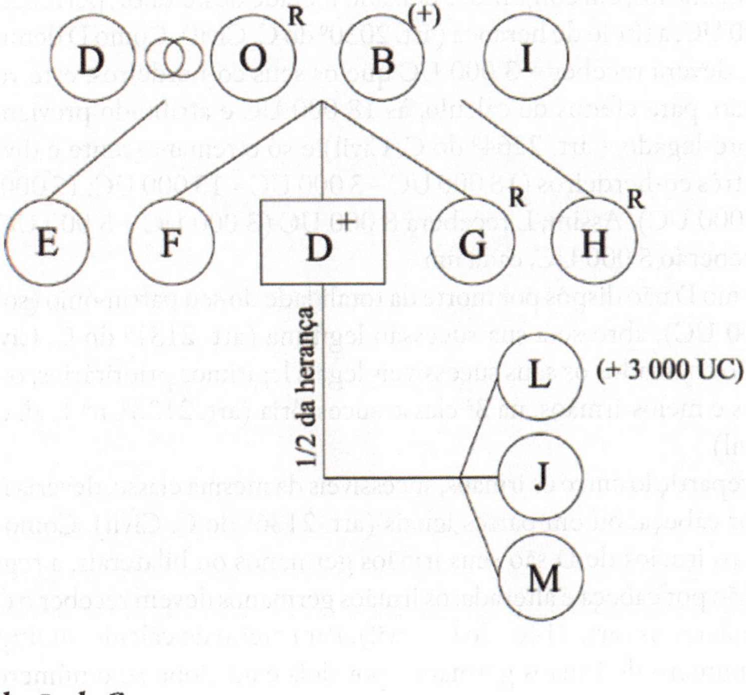

Resolução do Caso:

Por morte de D, abre-se a sua sucessão (art. 2031º do C. Civil).

Além de vários designados por testamento (L, J e M), os herdeiros legais sobreviventes a D são os seus parentes (O, pai, visto que a mãe, B, é pré-falecida), os seus irmãos germanos, ou bilaterais (F e G) e os seus irmãos unilaterais (E, irmã consanguínea e H, irmão uterino). Como se disse, sobrevive a D o seu pai, O, que é seu sucessível legal legitimário (art. 2157º do C. Civil), cabendo-lhe uma quota indisponível da herança, a legítima (art. 2156º do C. Civil). A legítima do ascendente do 1º grau, que não concorra com cônjuge à sucessão, é de 1/2 da herança (art. 2161º, nº 2, do C. Civil). Nestes termos, a deixa aos sucessíveis testamentários L, J e M não é inoficiosa, pois não ofende a legítima dos legitimários (art. 2168º do C. Civil).

No entanto, O repudia a sucessão, pelo que é considerado como não chamado (art. 2062º do C. Civil). Não sobrevivem a D outros herdeiros legitimários. Abre-se, então, a sucessão testamentária de D, a que são chamados L, J e M. Visto que o património hereditário é de 36 000 UC e aos testamentários, em conjunto, é deixado metade deste valor, pertence-lhes 18 000 UC, a título de herança (art. 2030º do C. Civil). Como D determina que L deverá receber + 3 000 UC que os seus co-herdeiros, este valor é retirado, para efeitos de cálculo, às 18 000 UC e atribuído previamente a L (pré-legado – art. 2264º do C. Civil) e só o remanescente é dividido pelos três co-herdeiros (18 000 UC – 3 000 UC = 15 000 UC; 15 000 UC : 3 = 5 000 UC). Assim, L receberá 8 000 UC (3 000 UC + 5 000 UC), J e M receberão 5 000 UC, cada um.

Como D não dispôs por morte da totalidade do seu património (sobram 18 000 UC), abre-se a sua sucessão legítima (art. 2131º do C. Civil), a que são chamados os seus sucessíveis legais legítimos prioritários: os seus irmãos e meios-irmãos, na 3ª classe sucessória (art. 2133º, nº 1, al. c), do C. Civil).

A repartição entre os irmãos, sucessíveis da mesma classe, deveria fazer-se por cabeça, ou em partes iguais (art. 2136º do C. Civil). Como nem todos os irmãos de D são seus irmãos germanos ou bilaterais, a regra da sucessão por cabeça é alterada: os irmãos germanos devem receber o dobro dos unilaterais (art. 2146º do C. Civil). Para efeito de cálculo, multiplica-se o número de irmãos germanos por dois e adiciona-se o número dos unilaterais (neste caso, F = 2 + G = 2 + H = 1 + E = 1, totalizando 6); o valor que lhes caberia (18 000 UC) seria dividido por este número (18 000 UC : 6 = 3 000 UC) e aos germanos atribuir-se-ia o dobro do que pertenceria à consanguínea, E e ao uterino, H. Assim, a F e a G caberia 6 000 UC, a cada e a E e a H caberia 3 000 UC, a cada.

Verifica-se, porém, que G e H repudiam a sucessão, pelo que são considerados como não chamados (art. 2062º do C. Civil). A sua parte acresce à dos restantes sucessíveis da mesma classe chamados (art. 2137º, nº 2, do C. Civil), neste caso F e E, respeitando-se a proporção antes referida, consagrada no art. 2146º do C. Civil. Assim, a F caberá 12 000 UC e a E caberá 6 000 UC (seguindo a fórmula acima indicada: F = 2 + E = 1, totalizando 3; 18 000 : 3 = 6 000; duas partes para F = 12 000, uma parte para E = 6 000).

Em resumo: F receberá 12000 UC; E 6 000; L 8 000; J 5 000; e M 5 000.

Caso Prático 109

Tema: Sucessão de irmãos e seus descendentes; irmãos germanos e unilaterais; sucessão testamentária

Rita é autora da sucessão. O património hereditário é de 1 200 UC, sendo Ana instituída como herdeira por testamento em quota de metade da herança. Rita é filha de Nelson e de Isabel. Nelson e Isabel têm dois outros filhos, irmãos de Rita, Simão e Helda. Nelson tem dois outros filhos, Paulo e Miguel, filhos também de Jovita. Descreva passo a passo a sucessão de Rita, considerando ainda que Nelson repudia e Isabel é pré-falecida. Indique os valores em que cada um sucede.

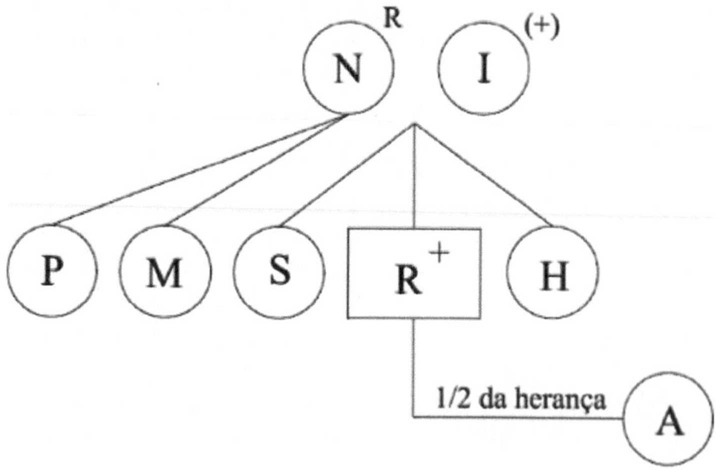

Resolução do Caso:

Por morte de R, abre-se a sua sucessão (artigo 2031º do C. Civil).

Além de A, designada por testamento, os herdeiros legais sobreviventes a R são o seu pai, N, (a sua mãe, I, é pré-falecida), os seus irmãos germanos (bilaterais), S e H, e os seus irmãos consanguíneos (unilaterais), P e M.

Ao ascendente de R, cabe, como seu herdeiro legitimário (artigo 2157º do C. Civil), a legítima, quota indisponível do património hereditário (artigo 2156º do C. Civil). A legítima de N, seu ascendente de primeiro grau, é, na ausência de cônjuge sobrevivo, de 1/2 da herança (artigo 2161º, nº 2, do C. Civil). Neste caso, a deixa testamentária feita a favor de A, em que R lhe atribui o direito a suceder em 1/2 da sua herança, não afeta a legítima do seu ascendente. Como tal, esta deixa testamentária não constitui uma liberalidade inoficiosa e, consequentemente, não seria necessário reduzi-la para preencher a legítima de N (artigos 2168º e 2169º, do C. Civil).

No entanto, verifica-se que N repudia a sucessão. Desta forma, N é considerado como não havendo sido chamado à sucessão (artigo 2062º do C. Civil). Na ausência de herdeiros legitimários (cônjuge, descendentes ou ascendentes) e tendo em conta que R não dispôs válida e eficazmente dos bens de que podia dispor para depois da morte (dispôs apenas de metade dos seus bens a favor de A), abre-se a sucessão legítima (artigo 2131º do C. Civil) e são chamados os sucessíveis legítimos prioritários que, neste caso, são os seus irmãos P, M, S e H, que ocupam a 3ª classe de sucessíveis ("irmãos e seus descendentes" – artigo 2133º, nº 1, al. c), do C. Civil). Visto que o património hereditário é de 1 200 UC e à herdeira testamentária é deixado metade deste valor, pertence-lhes, em conjunto, 600 UC.

Importa agora determinar a quota em que sucedem P, M, S e H. A partilha entre os irmãos deveria, em princípio, fazer-se por cabeça ou em partes iguais (art. 2136º do C. Civil). No entanto, diz-se que S e H são irmãos germanos de R, filhos do mesmo pai e da mesma mãe, e que P e M são irmãos consaguíneos, unilaterais, filhos apenas do mesmo pai que R. Nestes termos, os irmãos germanos, S e H, deverão receber o dobro da quota dos irmãos unilaterais, P e M (artigo 2146º do C. Civil).

Para efeito de cálculo, multiplica-se o número de irmãos germanos por dois e adiciona-se o número dos unilaterais (neste caso, S = 2 + H = 2 + P = 1 + M = 1, totalizando 6); o valor que lhes caberia (600 UC) seria dividido por este número (600 UC : 6 = 100 UC) e aos germanos, S e H, atribuir-se-ia o dobro do que pertenceria aos consanguíneos, P e M. Assim, a S e a H caberia 200 UC, a cada e a P e a M caberia 100 UC, a cada.

Em resumo: A receberá 600 UC; P receberá 100 UC; M receberá 100 UC; S receberá 200 UC e H receberá 200 UC.

Caso Prático 110

Tema: Sucessão dos irmãos e seus descendentes; sucessão testamentária; incapacidade por indignidade; direito de acrescer

Abel é autor da sucessão. Abel é filho de Emília, que é pré-falecida. Emília tem outros dois filhos, irmãos de Abel: Zélia e Margarida. Zélia tem um filho, Joaquim, e Margarida uma filha, Luísa. Descreva passo a passo a sucessão de Abel, considerando também que: a) este institui Carlos, Diógenes e Rosa como herdeiros, respetivamente, de 1/4, de 1/6 e de 1/12 da herança; b) Zélia é indigna em relação a Emília e Margarida é indigna em relação a Abel. Carlos repudia. Indique as quotas.

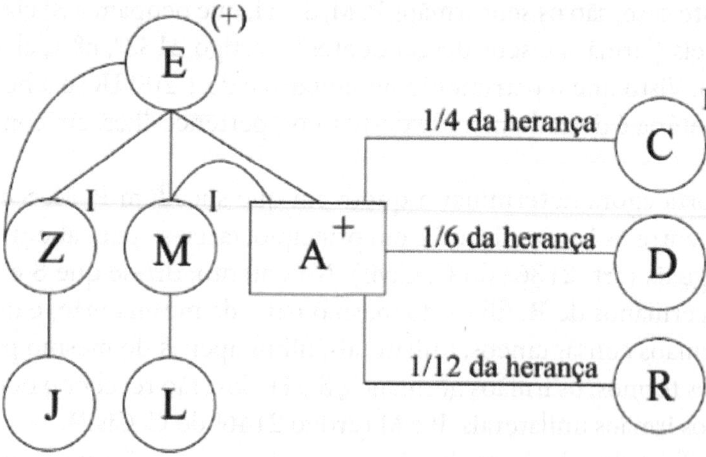

Resolução do Caso:

Por morte de A, abre-se a sua sucessão (artigo 2031º do C. Civil).

Para além de C, D e R, instituídos por testamento, sobrevivem a A as suas irmãs, Z e M, e os seus sobrinhos, J e L. A sua mãe, E, é pré-falecida.

A institui C como herdeiro de 1/4 da herança, D como herdeiro de 1/6 e R como herdeira de 1/12, correspondendo a soma destas deixas a 1/2 da herança. Verifica-se que C repudia a sua parte e, como tal, os outros herdeiros testamentários, D e R, acrescem na sua quota (artigo 2301º, nº 1, do C. Civil). No entanto, como as deixas aos testamentários não são iguais, a parte daquele que não pôde ou não quis aceitar é dividida pelos outros, respeitando-se a proporção entre eles (artigo 2301º, nº 2, do C. Civil). Assim, a D cabem, para além de 1/6 que A lhe deixara, 2/3 da parte que C repudiou (2/3 de 1/4 = 1/6), pelo que receberá 1/6 + 1/6 = 2/6 = 1/3 da herança. Por seu lado, a R cabe, além do 1/12 que A lhe deixara, 1/3 da parte que C repudiou (ou seja, 1/3 de 1/4 = 1/12), pelo que receberá 1/12 + 1/12 = 2/12 = 1/6 da herança. Assim se respeita a proporção entre eles no acrescer.

Uma vez que A não dispôs válida e eficazmente da totalidade dos bens de que podia dispor para depois da sua morte, são chamados à sucessão desses bens os seus herdeiros legítimos (artigo 2131º do C. Civil). Assim, na ausência de cônjuge, descendentes e ascendentes de A, são chamadas as suas irmãs e sobrinhos que ocupam a 3ª classe sucessória ("irmãos e seus descendentes" – artigo 2133º, nº 1, al. c), do C. Civil). A sucessão dos irmãos é feita por cabeça ou em partes iguais (artigo 2136º do C. Civil), dividindo-se, neste caso, a metade da herança de A em partes iguais entre Z e M, cabendo 1/4 a cada uma (1/2 : 2 = 1/2 × 1/2 = 1/4).

No entanto, verifica-se que M é indigna em relação a A, o que a incapacita de lhe suceder (artigo 2034º do C. Civil). Quando um herdeiro não pode ou não quer aceitar a herança, é chamado em sua representação o seu descendente (artigos 2039º e 2042º do C. Civil). Assim, a quota que caberia a M (1/4 da herança) caberá a L por direito de representação.

A indignidade de Z em relação a E é, no que respeita à sucessão de A, irrelevante, bastando que seja capaz de suceder a A.

Em resumo: D receberá 1/3 da herança; R receberá 1/6; Z receberá 1/4; L receberá 1/4.

Caso Prático 111

Tema: Sucessão dos irmãos e seus descendentes; sucessão testamentária; incapacidade por indignidade

Abel é autor da sucessão. Abel é filho de Emília, que é pré-falecida. Emília tem outros dois filhos, irmãos de Abel: Zélia e Margarida. Zélia tem um filho, Joaquim e Margarida uma filha, Luísa. Descreva passo a passo a sucessão de Abel, considerando também que: a) este institui Carlos, Diógenes e Rosa como herdeiros de metade da herança; b) Zélia é indigna em relação a Emília e Margarida é indigna em relação a Abel. Indique as quotas.

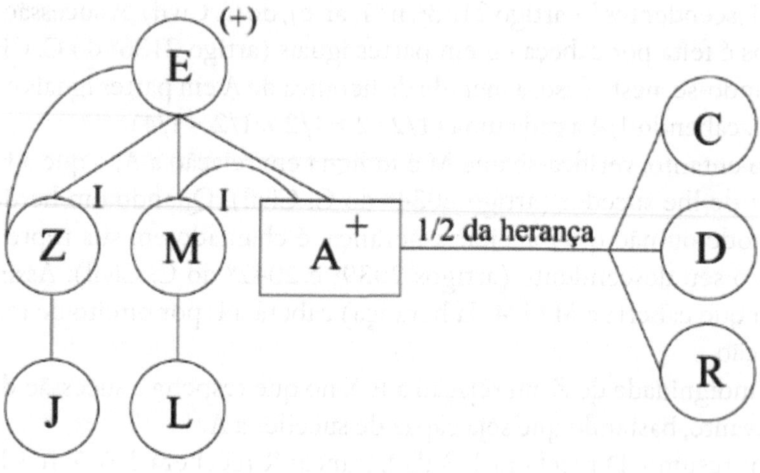

Resolução do Caso:

Por morte de A, abre-se a sua sucessão (artigo 2031º do C. Civil).

Para além de C, D e R, instituídos por testamento, sobrevivem a A as suas irmãs, Z e M, e os seus sobrinhos, J e L. E, mãe de A, é pré-falecida, pelo que não lhe sucede.

A morre sem deixar herdeiros legitimários, ou seja, cônjuge, descendentes ou ascendentes (artigo 2157º do C. Civil). Desta forma, abre-se a sucessão testamentária de A, a que são chamados C, D e R. A institui C, D e R numa quota de metade do seu património hereditário, cabendo, já que aparentemente foram instituídos em partes iguais nessa quota, a cada um 1/6 da herança de A (1/2 : 3 = 1/2 × 1/3 = 1/6).

Uma vez que A não dispôs válida e eficazmente da totalidade do seu património (sobra 1/2), abre-se a sua sucessão legitima (artigo 2131º do C. Civil), a que são chamadas as suas irmãs e sobrinhos que ocupam a 3ª classe de sucessíveis ("irmãos e seus descendentes" – artigo 2133º, nº 1, al. c), do C. Civil). A partilha entre irmãos é feita por cabeça ou em partes iguais (artigo 2136º do C. Civil), cabendo, a cada uma das irmãs de A, 1/4 da sua herança (1/2 : 2 = 1/2 × 1/2 = 1/4).

Verifica-se que M é indigna em relação a A e, como tal, é incapaz de lhe suceder (artigo 2034º do C. Civil). No entanto, M tem um filho, L e, na sucessão legal este tem sempre o direito de representar o seu ascendente quando este não possa ou não queira aceitar a herança, sucedendo na respetiva quota (artigo 2039º e 2042º do C. Civil).

Por sua vez, Z é indigna em relação a E. Ora, isto em nada releva para a sucessão de A, visto que aquele facto não a incapacita para suceder a este, pelo que Z receberá a quota que lhe cabe, 1/4 da herança de A.

Em resumo: C receberá 1/6 da herança; D receberá 1/6; R receberá 1/6; L receberá 1/4; Z receberá 1/4.

Caso Prático 112

Tema: Sucessão de irmãos e seus descendentes; direito de representação; sucessão por estirpes; substituição direta

Helga é autora da sucessão. É filha de Simão. Simão tem outros três filhos: Tobias, Manuela e Joaquina. Manuela tem dois filhos: Paulo que tem um filho, Vasco; Gonçalo que tem dois filhos, Dária e Fernando. Helga, por testamento, instituiu Luís – que tem um filho, Zebedeu – como herdeiro de metade do seu património e Amélia como sua substituta. Descreva passo a passo a sucessão de Helga, considerando que Simão e Tobias são pré-falecidos e que Manuela, Gonçalo e Luís repudiam a sucessão. Indique as quotas que caberão a cada um dos sucessores.

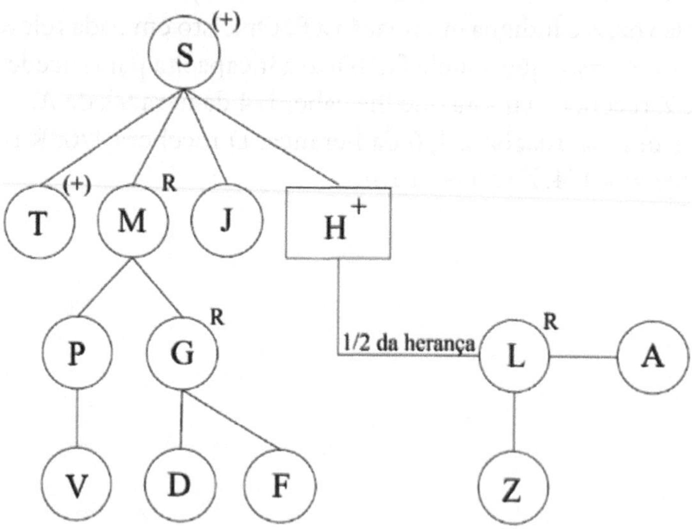

Resolução do Caso:

Por morte de H, abre-se a sua sucessão (art. 2031º C. Civil).

Sobrevivem a H, além de L, instituído por testamento como herdeiro de metade do seu património: dois irmãos, M e J; dois sobrinhos, P e G; V, filho de P; e D e F, filhos de G.

Não sobrevivem a H quaisquer sucessíveis legitimários (art. 2157º do C. Civil), a quem caberia uma quota indisponível do património hereditário, a legítima (art. 2156º do C. Civil). Assim, H pode dispor livremente de todo o seu património.

H apenas dispõe por morte de 1/2 do seu património hereditário. Por testamento, beneficia L, que, no entanto, repudia a sucessão, sendo considerado como não chamado (art. 2062º C. Civil). O repúdio por L deveria determinar a sua representação pelo seu filho, Z (direito de representação na sucessão testamentária – art. 2041º, nº 1, do C. Civil). No entanto, H designara substituta, A, para o caso de L não poder ou não querer aceitar a sucessão (substituição vulgar ou direta – art. 2281º, nº 1, do C. Civil). Neste caso, a vontade do testador prevalece, a substituição afasta a representação (art. 2041º, nº 2, al. a), do C. Civil) e é A que beneficia, a final, da deixa testamentária de 1/2 da herança.

Verifica-se que H não dispôs da outra metade dos seus bens, pelo que, em relação ao destino destes por morte do autor da sucessão, se deve abrir a sucessão legítima (art. 2131º do C. Civil).

Os sucessíveis legais legítimos prioritários de H são os seus irmãos, que concorrem à sucessão na 3ª classe sucessória ("irmãos e seus descendentes" – art. 2133º, nº 1, al. c), do C Civil). S, pai de H, sucessível na 2ª classe sucessória, não é chamado pois não lhe sobrevive.

Verifica-se que um dos irmãos de H, T, não sobrevive a este. Visto que não tem descendentes que o representem (direito de representação na sucessão legal – arts. 2039º e 2042º C. Civil), a sua parte acresce à das suas irmãs, M e J (art. 2137º, nº 2, do C. Civil), que assim deveriam repartir 1/2 dos bens de H (1/4 para cada uma).

Porém, diz-se que M repudia a sucessão, pelo que se considera como não chamada (art. 2062º do C. Civil). Posto que tem descendentes, P e G, que a representem na sucessão (direito de representação na sucessão legal – art. 2042º do C. Civil), a estes caberá a sua porção (1/4 da herança) que dividirão entre si (1/4 : 2 = 1/4 × 1/2 = 1/8, a cada um). As mesmas regras e a mesma operação se aplicam face ao repúdio de G: será representado pelos seus filhos, D e F, que repartirão a porção de G (1/8 : 2 = 1/8 × 1/2 = 1/16, a cada um). A explicação para o facto de cada um dos representantes suceder na quota do representado encontra-se na regra da sucessão/representação/partilha por estirpes, plasmada no art. 2044º do C. Civil: cabe a cada estirpe (composta por uma pessoa e seus descendentes) aquilo em que sucederia o ascendente respetivo.

Em resumo: A recebe 1/2 da herança; J 1/4; P 1/8; D e F 1/16 cada um.

Caso Prático 113

Tema: Sucessão dos irmãos e seus descendentes; irmãos germanos e unilaterais; substituição fideicomissária; substituição direta

Amílcar é autor da sucessão. Amílcar institui Berta como fiduciária e Carlota como fideicomissária numa quota de um oitavo da herança. Amílcar dispõe ainda que Ernesto substituirá Deodata, caso esta repudie, na sucessão em metade da herança. Descreva passo a passo a sucessão de Amílcar, considerando também que Amílcar é filho de Fernando que não lhe sobrevive. Sobrevivem também a Amílcar três irmãos, filhos de Fernando: Gonçalo e Helga, irmãos germanos; e Isabel, irmã consanguínea. Deodata, que tem um filho, Manuel, repudia. Gonçalo, que tem um filho, João, repudia. Indique as quotas em que cada um sucede.

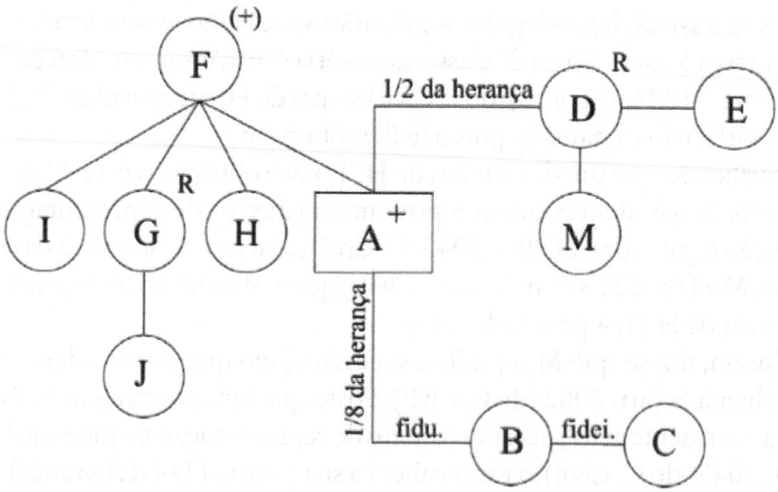

Resolução do Caso:

Por morte de A, abre-se a sua sucessão (artigo 2031º do C. Civil).

Para além de C, B, D e E, instituídos por testamento, sobrevivem a A os seus irmãos germanos (bilaterais), G e H, a sua irmã consanguínea (unilateral), I, e o seu sobrinho, J, filho de G. F, pai de A, é pré-falecido.

A deixou, por testamento, 1/8 do seu património hereditário a B, como fiduciária e a C, como fideicomissária. Isto significa que B, ao aceitar a herança de A, tem o dever de conservar os bens e, por morte, os fazer reverter para C ("substituição fideicomissária" – artigo 2286º do C. Civil).

A também deixou, por testamento, 1/2 do seu património hereditário a D. Verifica-se que D repudia a sucessão. Tal deveria determinar a sua representação pelo seu descendente, M (artigo 2041º, nº 1, do C. Civil). No entanto, A designa substituto a D para o caso de esta não poder ou não querer aceitar a herança ("substituição direta ou vulgar" – artigo 2281º do C. Civil). Ora, a substituição direta afasta a representação (artigo 2041º, nº 2, al. a), do C. Civil), pelo que é E, substituto designada por A, que sucede na quota de 1/2 do património deste.

As deixas testamentárias correspondem a 5/8 do património hereditário de A. Assim, tendo em conta que este não dispôs válida e eficazmente de todos os bens de que podia dispor para depois da sua morte, são chamados à sucessão desses bens os seus herdeiros legítimos (artigo 2131º do C. Civil). Na ausência de cônjuge, descendentes e ascendentes, são chamado à sucessão os irmãos e sobrinhos do *de cujus*, que ocupam a 3ª classe sucessória ("irmãos e seus descendentes" – artigo 2133º, nº 1, al. c), do C. Civil). Cabe, pois, aos irmãos de A, em conjunto, 3/8 do património deste.

A partilha entre irmãos deveria, em princípio, fazer-se por cabeça ou em partes iguais (artigo 2136º do C. Civil). No entanto, diz-se que G e H são irmãos germanos de A, filhos do mesmo pai e da mesma mãe e que I é irmã consanguínea, unilateral, filha apenas do mesmo pai que A. Nestes termos, os irmãos germanos, G e H, deverão receber o dobro da quota da irmã unilateral, I (artigo 2146º do C. Civil).

Para efeito de cálculo, multiplica-se o número de irmãos germanos por dois e adiciona-se o número de unilaterais (neste caso, H = 2 + G = 2 + I = 1, totalizando 5); a quota que lhes caberia (3/8 do património hereditário) seria dividida por este número (3/8 : 5 = 3/8 × 1/5 = 3/40) e aos germanos, G e H, atribuir-se-ia o dobro do que pertenceria à consanguínea, I. Assim, a G e a H caberia 3/20 (3/40 × 2 = 3/20) e a I caberia 3/40.

Verifica-se que G repudia a herança de A. No entanto, sobrevive a G o seu filho, J e, na sucessão legal, os descendentes daquele que não pôde ou não quis aceitar (como é o caso) a herança têm sempre direito de o representar ("representação sucessória" – artigo 2042º do C. Civil). Significa isto que J ocupará a posição do ascendente que repudiou, sucedendo na quota deste (artigo 2039º do C. Civil).

Em resumo: B receberá 1/8 da herança; E receberá 1/2; I receberá 3/40; J receberá 3/20; J receberá 3/20.

Caso Prático 114

Tema: Sucessão de outros colaterais até ao 4º grau; incapacidade por indignidade; direito de representação

Hilário é autor da sucessão. É filho de Maria e neto de Joaquim. Hilário é solteiro. Hilário tem dois tios, Pedro e Olga, irmãos de Maria. Olga tem um filho, Bruno. Descreva passo a passo a sucessão de Hilário, considerando que Maria repudia, Joaquim é pré-falecido e Pedro, que tem um filho, Celso, é indigno em relação a Joaquim.

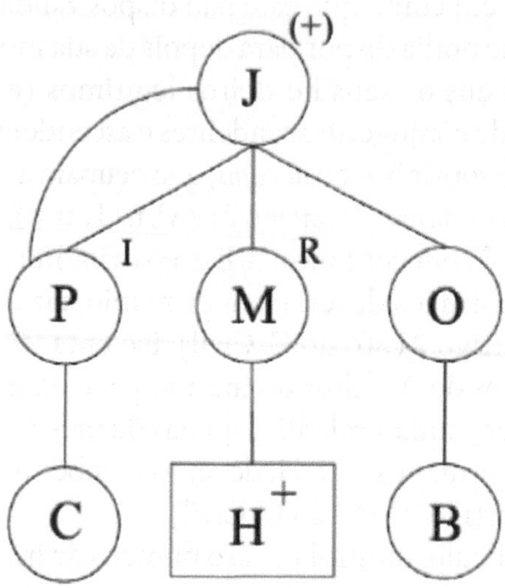

Resolução do Caso:

Por morte de H, abre-se a sua sucessão (art. 2031º do C. Civil).

Sobrevivem a H: a sua mãe, M; os tios, P e O; e os primos, B e C.

O sucessível prioritário de H é a sua mãe, M, sua herdeira legitimária (art. 2157º do C. Civil). Nesta sua qualidade, receberia a legítima, quota indisponível do património hereditário (art. 2156º do C. Civil), que, neste caso, teria o valor de 1/2 da herança (art. 2161º, nº 2, do C. Civil). Já que H não dispôs validamente da metade restante (quota disponível) do seu património – o que poderia fazer por testamento, por exemplo –, abre-se a sua sucessão legítima (art. 2131º C. Civil). A mãe de H, M, é também sua sucessível legítima prioritária, posto que integra sozinha a segunda classe dos sucessíveis daquele (arts. 2132º e 2133º, nº 1, al. b), do C. Civil), não havendo sucessíveis da primeira classe (cônjuge ou descendentes – art. 2133º, nº1, al. a), do C. Civil). Cómo os herdeiros de cada classe preferem aos (e afastam os) das classes subsequentes, caso a mãe de H, M, aceitasse a sucessão nenhum outro parente seu seria chamado a suceder.

No entanto, M repudiou a sucessão, pelo que é considerada como não chamada (art. 2062º C. Civil). Se o sucessível prioritário, chamado à sucessão, não puder ou não quiser aceitar, são chamados os sucessíveis subsequentes, por classe e, dentro de cada classe, preferindo os de grau mais próximo aos de grau mais afastado (artigos 2137º, nº 1, 2134º e 2135º do C. Civil).Visto que o avô de H, J, é pré-falecido, não preenche o requisito da sobrevivência, necessário para poder suceder a H. São, assim, chamados os parentes sobreviventes da classe sucessória mais próxima: neste caso, os seus tios, P e O, que integram a 4ª classe sucessória ("outros colaterais até ao 4º grau" – art. 2133º, nº 1, al. d), do C. Civil).

Diz-se que P, tio de H e seu colateral do 3º grau, é indigno em relação a J, avô de H. Isto não é relevante, pois só a indignidade em relação ao autor da sucessão, por um dos motivos consagrados no art. 2034º C. Civil, incapacita de suceder a este. Nestes termos, visto que, como se disse, H não dispôs dos seus bens por morte, sucedem-lhe os seus tios, P e O, parentes colaterais do 3º grau, na 4ª classe sucessória, com um grau de parentesco que afasta os primos de H, C e B, apenas parentes do 4º grau da linha colateral. A repartição entre P e O faz-se por cabeça ou em partes iguais (art. 2136º C. Civil).

Em resumo, P e O receberão 1/2 da herança de H, cada um.

Caso Prático 115

Tema: Sucessão legal; sucessão testamentária; direito de acrescer

Alcibíades é autor da sucessão. Alcibíades é filho de Firmina, pré-falecida, e irmão de Gonçalo. Indique as quotas de cada um dos sucessores, considerando também que: a) Alcibíades faz testamento em que dispõe que Bento e Carolina sucederão na compropriedade do prédio x, de valor equivalente a metade da herança; b) Alcibíades mais dispõe que Etelvina sucederá em 1/4 da herança, Galo em 1/8 e Hermengarda em 1/8. Hermengarda repudia. Bento repudia.

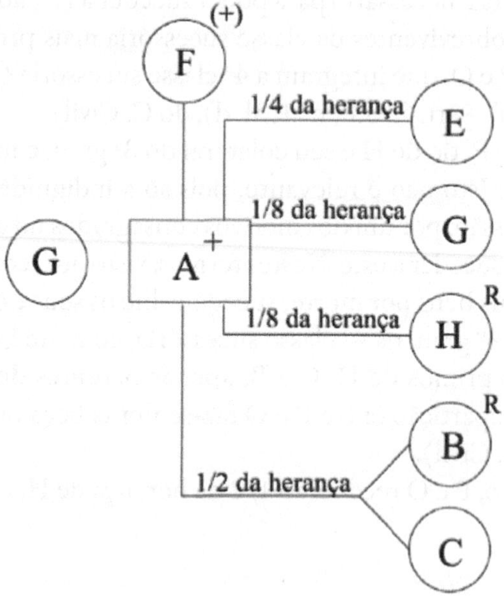

Resolução do Caso:

Por morte de A, abre-se a sua sucessão (art 2031º C. Civil).

Sobrevivem a A, além do seu irmão G, vários sucessores testamentários: B e C, instituídos conjuntamente como comproprietários de um prédio x, que vale 1/2 da herança; E, G e H, a quem são atribuídas quotas de, respetivamente, 1/4, 1/8 e 1/8 da herança.

A deixa a B e C consubstancia um legado (deixa de bens determinados – art. 2030º, nº 2, do C. Civil). A deixa a E, G e H é instituição de herdeiros (mesmo art. 2030º, nº 2).

Visto que F, mãe de A, não lhe sobrevive, não lhe sucede (falta o requisito da sobrevivência). G também não é chamado, pois, sendo um sucessor legal legítimo, na 3ª classe sucessória ("irmãos e seus descendentes" – art. 2133º, nº 1, al. c), do C. Civil), a sua vocação só se daria caso A não tivesse disposto por morte validamente de todos os seus bens (art. 2131º do C. Civil), o que não é o que sucede aqui.

B e C repartem entre si, como co-legatários, a propriedade do prédio x. Visto que B repudia, a sua parte acresce à de C, visto que ambos foram nomeados em relação ao mesmo objeto (art. 2302º, nº 1, do C. Civil). Os herdeiros E, G e H só acresceriam na porção de B se não houvesse direito de acrescer entre legatários e se verificasse que seriam estes co-herdeiros os onerados com o cumprimento desse legado (arts. 2303º e 2068º C. Civil). C acresce, pois, na porção de B e sucede sozinha na titularidade de x.

Verifica-se que H repudia. A sua porção (1/8 da herança) acresce à dos outros co-herdeiros instituídos (art. 2301º, nº 1, do C. Civil). Só os herdeiros *instituídos* acrescem na porção do herdeiro que não quis ou não pôde aceitar a sucessão – e não também os legatários ou, se os houvesse, os herdeiros legais (mesmo art. 2301º, nº 1, do C. Civil).

No entanto, E, G e H não tinham sido instituídos em partes iguais (E = 1/ 4; G = 1/8; H = 1/8). Assim, o acrescer deve dar-se na mesma proporção em que houvera sido feita a instituição (art. 2301º, nº 2, do C. Civil). Visto que E houvera sido instituído numa porção dobrada à de G, a quota de H, que repudia, é repartida entre aqueles recebendo E, desta, o dobro do que recebe G. Logo, E recebe, além de 1/4 da herança a que já tinha direito por instituição de A, 2/3 da parte de H (2/3 × 1/8 = 2/24 = 1/12); portanto, E recebe 1/4 + 1/12 da herança de A, ou seja 1/3 (1/4 + 1/12 = 4/12 = 1/3). Já G recebe, além de 1/8 da herança a que tinha direito por instituição de A, 1/3 da parte de H (1/3 × 1/8 = 1/24); portanto, G recebe 1/8 + 1/24 da herança, ou seja, 1/6 (1/8 + 1/24 = 4/24 = 1/6). Assim se mantém a proporção entre eles.

Em resumo: C recebe sozinho o prédio x, que vale metade da herança; E recebe 1/3 da herança; G recebe 1/6.

Caso Prático 116

Tema: Incapacidade por indignidade; transmissão do direito de suceder; liberalidades inoficiosas

Maria é autora da sucessão. Maria é filha de Álvaro. Maria tem um irmão Cândido e um filho Tiago. Tiago tem um filho Saul. Descreva passo a passo a sucessão por morte de Maria, considerando que esta institui por testamento Heitor como seu herdeiro universal, que Tiago morre sem ter aceitado nem repudiado a sucessão, Saul repudia e Álvaro é indigno.

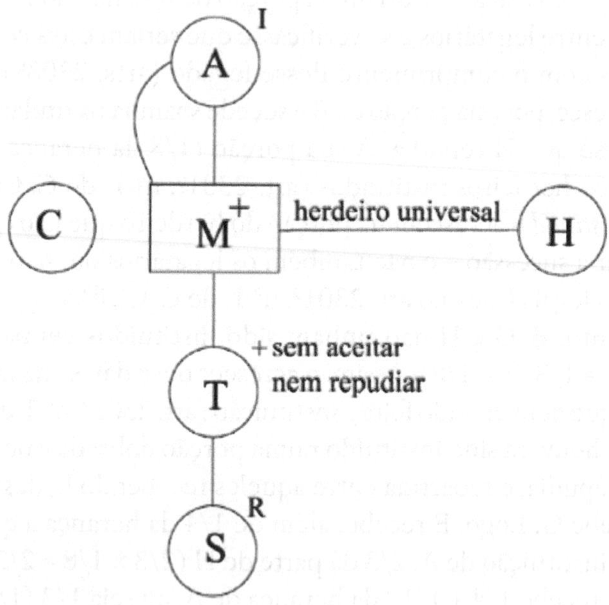

Resolução do Caso:

Por morte de M, abre-se a sua sucessão (art. 2031º do C. Civil).

T, filho, S, neto e A, pai, são herdeiros legitimários de M (art. 2157º C. Civil), cabendo-lhes uma quota indisponível do património hereditário, a legítima (art. 2156º C. Civil). Verifica-se que M institui H como seu herdeiro universal. Esta deixa constitui uma liberalidade inoficiosa, posto que ofende a legítima dos herdeiros legitimários (art. 2168º C. Civil). Esta liberalidade é passível de ser reduzida a requerimento dos herdeiros legitimários, até ser reintegrada a legítima (art. 2169º C. Civil).

O sucessível prioritário (herdeiro legitimário) de M é o seu filho, T (art. 2133º, nº 1, al. a), do C. Civil). Caber-lhe-ia, a título de legítima, 1/2 da herança do pai (art. 2159º, nº 2, do C. Civil). Verifica-se que T morre sem ter aceitado nem repudiado a sucessão, pelo que o direito de suceder a M se transmite aos seus herdeiros; neste caso, a S (art. 2058º C. Civil). Só que S, uma vez chamado, repudia a sucessão de M, pelo que passa a considerar-se como não chamado (art. 2062º C. Civil), devendo passar-se ao sucessível subsequente (neste caso, A, ascendente, na 2ª classe sucessória – arts. 2137º e 2133º, nº 1, al. b), do C. Civil). A, por sua vez, é indigno em relação a M, pelo que é incapaz de lhe suceder (art. 2034º C. Civil).

Verifica-se, assim que, neste caso, todos os sucessíveis legitimários de M são afastados ou se afastam da sucessão. Nada obsta, afinal, a que H lhe suceda como herdeiro (testamentário) universal. A disposição válida de todos os bens pelo *de cujus* determina que não seja aberta a sua sucessão legítima (art. 2131º C. Civil), pelo que o seu irmão, C, não chega a ser chamado a suceder.

Em resumo, H recebe a totalidade da herança.

Caso Prático 117

Tema: Sucessão testamentária; direito de acrescer

Saulo é autor da sucessão. É filho de Damião e irmão de Olga. Saulo institui: Marta como herdeira de metade do seu património; Zélia como sucessora em um sexto; Rui numa quota de um doze avos do acervo hereditário. Descreva passo a passo a sucessão de Saulo, considerando que Damião é pré-falecido e que Marta repudia. Indique as quotas.

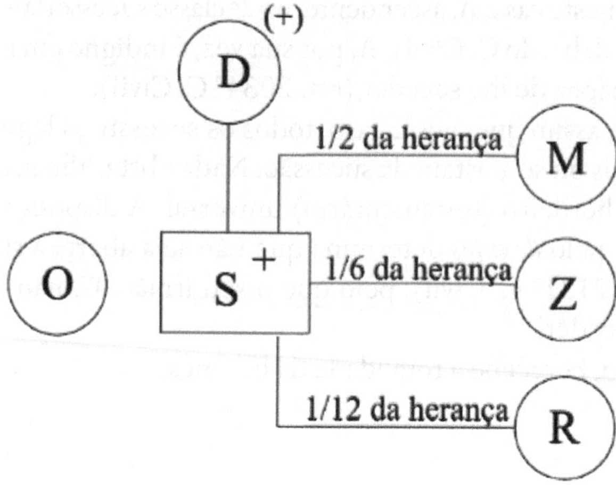

Resolução do Caso:

Por morte de S, abre-se a sua sucessão (artigo 2031º do C. Civil).

Para além de M, Z e R, instituídos por testamento, sobrevivem a S a sua irmã, O. O seu pai, D, é pré-falecido.

S institui M como herdeira de 1/2 da herança, Z como herdeira de 1/6 da herança e R como herdeiro de 1/12, totalizando estas deixas testamentárias 3/4 da sua herança. Verifica-se que M repudia a sua parte e, como tal, os outros dois herdeiros testamentários, Z e R, acrescem na sua quota (artigo 2301º, nº 2, do C. Civil). No entanto, como as deixas aos testamentários não são iguais, a parte daquele que não pôde ou não quis (como é o caso) aceitar é dividida pelos outros, respeitando-se a proporção entre eles (artigo 2301º, nº 1, do C. Civil). Assim, a Z cabe, para além do 1/6 que

S lhe deixara, 2/3 da parte que M repudiou (2/3 de 1/2 = 1/3), pelo que receberá 1/6 + 1/3 = 1/2 da herança. Por seu lado, a R cabe, além do 1/12 que S lhe deixara, 1/3 da parte que M repudiou (ou seja, 1/3 de 1/2 = 1/6), pelo que receberá 1/12 + 1/6 = 1/12 + 2/12 = 3/12 = 1/4 da herança. Assim se respeita a proporção entre eles no acrescer.

Uma vez que S não dispôs válida e eficazmente de todos os bens de que podia dispor para depois da morte, são chamados à sucessão destes bens os seus herdeiros legítimos (artigo 2131º do C. Civil). Assim, na ausência de cônjuge, descendentes e ascendentes, é chamado o seu irmão, O, que ocupa a 3ª classe de sucessíveis ("irmãos e seus descendentes" – artigo 2133º, nº 1, al. c), do C. Civil), cabendo-lhe o remanescente da herança, correspondente a 1/4.

Em resumo: Z receberá 1/2 da herança; R receberá 1/4; O receberá 1/4.

Caso Prático 118

Tema: Substituição fideicomissária; legado; substituição direta; direito de representação

Túlio é autor da sucessão. Túlio institui Nelson como fiduciário e Octávia como fideicomissária num legado de um prédio (que vale um décimo do património de Túlio). Túlio mais institui Diogo como substituto de Eduardo numa quota de um quarto do seu património. Eduardo tem um filho, Fernando. Túlio mais institui como sucessíveis testamentários Gina, Marta e Petra em quotas iguais do remanescente do património. Marta tem um filho, Horácio. Nelson tem um filho, Zuzarte. Descreva passo a passo a sucessão de Túlio, considerando que: a) Nelson morre antes de Túlio; b) Eduardo repudia; c) Gina e Marta repudiam. Indique as quotas.

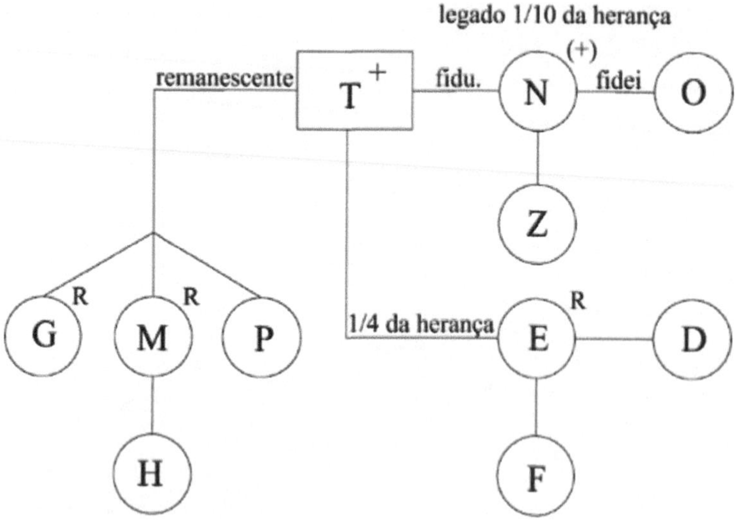

Resolução do Caso:

Por morte de T, abre-se a sua sucessão (art. 2031º C. Civil).

Diz-se, em primeiro lugar, que T institui N como fiduciário e O como fideicomissária num legado de um prédio que vale 1/10 do património hereditário. A deixa de um prédio constitui um legado, pois trata-se de bem determinado (art. 2030º, nº 2, *in fine*, C. Civil). Ao nomear N como fiduciário, T determina que este conserve o prédio para que este reverta, por sua morte, para a fideicomissária indicada, O: é o que se designa substituição fideicomissária (art. 2286º C. Civil).

Ocorre, porém, que N, fiduciário, não sobrevive a T, requisito necessário para lhe suceder. Visto que N tem um filho, Z, este deveria representar N, seu pai, na sucessão a T como fiduciário (direito de representação na sucessão testamentária – art. 2041º do C. Civil). Não é assim neste caso: a lei é expressa em consagrar que, se o fiduciário não puder ou não quiser aceitar a sucessão, a substituição se converte de fideicomissária em direta, dando-se a devolução da herança a favor do fideicomissário, com efeitos desde a morte do testador (art. 2293º, nº 3 C. Civil) (e a substituição direta sempre afastaria a representação – art. 2042º, nº 2, al. a) C. Civil). Assim, quem sucede a T no legado do prédio é O.

Diz-se, no enunciado da hipótese, que T deixa a E, pai de F, 1/4 do seu património: trata-se da instituição de herdeiro (art. 2030º, nº 2, 1ª parte, do C. Civil). Verifica-se que E repudia a sucessão. Tal deveria determinar a sua representação pelo seu descendente, F (art. 2041º, nº 1, do C. Civil). No entanto, T designa substituto a E, precisamente para o caso de este não poder ou não querer aceitar a herança (substituição direta ou vulgar – art. 2281º do C. Civil). Ora, a substituição direta afasta a representação (art. 2041º, nº 2, al. a), do C. Civil), pelo que é D, substituto designado por T, que sucede na quota de 1/4 do património deste.

Finalmente, T deixa o remanescente do seu património (1 – 1/10 – 1/4 = 13/20) a G, M e P, em partes iguais: trata-se da instituição de herdeiros (art. 2030º, nº 3, do C. Civil). Visto que G e M repudiam, dir-se-ia que as suas porções acresceriam às dos restantes herdeiros instituídos (direito de acrescer na sucessão testamentária – art. 2301º, nº 1, do C. Civil). É assim quanto à porção de G (13/20 : 3 = 13/20 × 1/3 = 13/60) que acresce às de M e P: estas repartiriam, então, sozinhas os 13/20 da deixa de T, cabendo a cada uma 13/40 (13/20 : 2 = 13/20 × 1/2 = 13/40). Será que deve realizar-se a mesma operação quanto à deixa a M, que também repudia?

M tem um filho, H. Ora, em caso de repúdio da herança por M, ela é representada na sucessão por esse seu filho (direito de representação na sucessão testamentária – art. 2041º, nº 1, do C. Civil); e a representação afasta o acrescer (art. 2304º, *in fine*, C. Civil).

Em resumo: O receberá o prédio legado; D receberá 1/4 da herança; P receberá 13/40 e H outros 13/40.

Caso Prático 119

Tema: Sucessão testamentária; substituição fideicomissária; substituição direta; direito de acrescer entre herdeiros

Bento é autor da sucessão. Camila é instituída como fiduciária de metade do seu património. Ismael é instituído como fideicomissário. Gonçalo, Maria, Nelson e Diogo são os outros sucessores testamentários, instituídos como únicos sucessores do remanescente do património hereditário. É instituída substituição direta de Diogo por Eduardo. Diogo repudia. Gonçalo repudia. Diogo tem um filho, Fernando. Maria tem um filho, Hilário. Camila repudia.

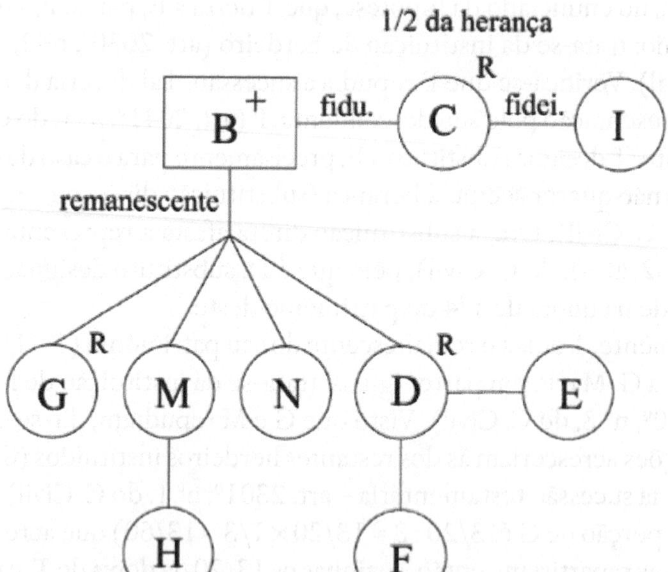

Resolução do Caso:

Por morte de B, é aberta a sua sucessão (artigo 2031º do C. Civil).

Não existindo herdeiros legitimários, nada impede B de dispor por morte da totalidade do seu património. É o que faz, designando vários sucessíveis testamentários.

A designação de C como fiduciária, sendo I fideicomissário, significa que o testador impõe àquele herdeiro (fiduciário) o encargo de conservar a herança para que ela reverta por sua (do fiduciário) morte a favor de outrem, neste caso I (fideicomissário) (artigo 2286º do C. Civil). O repúdio por Camila, fiduciária, poderia justificar o acrescer dos restantes herdeiros testamentários na sua parte (artigo 2301º do C. Civil) ou, em caso de repúdio de todos estes, a abertura da sucessão legítima (artigo 2131º do C. Civil). Não é esta a solução legal. Em caso de repúdio pelo fiduciário, a substituição converte-se de fideicomissária em direta e dá-se a imediata devolução da herança a favor do fideicomissário, I, com efeito desde o óbito do testador (artigo 2293º, nº 2, do C. Civil). Este recebe 1/2 da herança.

Quanto à instituição de G, M, N e D, presume-se que em partes iguais do remanescente do património hereditário, começa por assinalar-se que G repudia. A sua quota (1/4 × 1/2 da herança) acresce à dos outros co-herdeiros instituídos, seja ou não conjunta a instituição (artigo 2301º, nº 1, do C. Civil). Assim, a porção de G acresceria à dos restantes instituídos por testamento, ou seja, M, N e D. I não acrescerá nesta porção porque se depreende ser esta a vontade do autor da sucessão, espelhada no testamento (art. 2187º do C. Civil): B pretendeu que C/I recebessem metade da herança como fiduciário/fideicomissário, deixando *o remanescente* (a outra metade da herança) a G, M, N e D.

Então, a metade da herança que caberia aos co-designados passa a ser partilhada por M, N e D, a cada um cabendo (1/3 × 1/2 = 1/6 da herança). Visto que D repudia, dir-se-ia que seria chamado em seu lugar o seu filho, F, como seu representante (direito de representação – artigo 2042º do C. Civil). Não é assim, neste caso. Tendo o autor da sucessão designado substituto para o caso de o designado não querer ou não poder aceitar a herança, como aqui se verifica (cfr. artigo 2041º, nº 2, al. a), do C. Civil). A substituição prevalece e é E, substituto, que sucede na quota de D.

Em resumo, I receberá metade da herança; M, N e E receberão 1/6 cada.

Caso Prático 120

Tema: Sucessão testamentária; revogação do testamento; incapacidade por indignidade; deserdação

Diogo é autor da sucessão. Diogo é casado com Joana e é filho de Luís. Diogo tem dois filhos, Francisco e Gina. Francisco tem dois filhos, Higino e Isabel. Diogo instituiu como seus herdeiros universais, conjuntamente, Carlos e Olga. Descreva passo a passo a sucessão por morte de Diogo, considerando ainda que: a) vem a descobrir-se que Diogo fez um segundo testamento em que instituía Emílio como seu herdeiro universal; b) Diogo deserdou Gina com fundamento na condenação desta por homicídio de Olga; c) Higino é indigno em relação a Diogo. Indique as quotas em que cada um sucede.

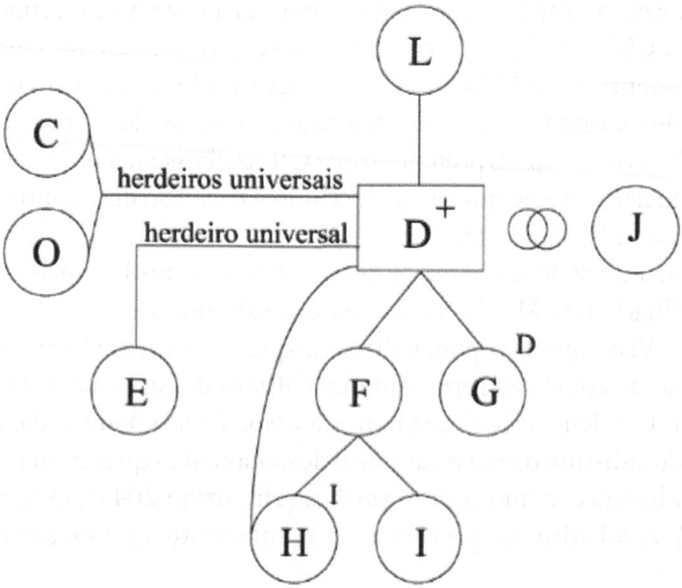

Resolução do Caso:

Por morte de D, abre-se a sua sucessão (artigo 2031º do C. Civil).

Para além de C, O e E, instituídos por testamento, sobrevivem a D, o seu pai L, a sua mulher, J, os seus filhos, F e G, e os seus netos, H e I, filhos de F.

Ao ascendente, cônjuge e descendentes de D, seus herdeiros legitimários (artigo 2157º do C. Civil), cabe uma quota indisponível do património hereditário, a legítima (artigo 2156º do C. Civil). Verifica-se que D institui herdeiros universais (C, O e E), constituindo esta deixa uma liberalidade inoficiosa, posto que ofende a legítima dos herdeiros legitimários (artigo 2168º do C. Civil). Esta liberalidade pode ser reduzida a requerimento dos herdeiros legitimários, em tanto quanto for necessário para que a legítima seja preenchida (artigo 2169º do C. Civil). Assim, a deixa a C e O reduz-se a 1/3 da herança.

Os sucessíveis prioritários de D são o seu cônjuge, J, e os seus descendentes, F e G, que ocupam a 1ª classe de sucessíveis ("cônjuge e descendentes" – artigo 2133º, nº 1, al. a), do C. Civil). Os netos de D, H e I, no 2º grau da linha reta, não são chamados simultaneamente ao seu ascendente, F, em obediência à regra de preferência de grau (artigo 2135º do C. Civil): os parentes de grau mais próximo preferem e afastam os de grau mais afastado.

A legítima do cônjuge e descendentes é, em caso de concurso, de 2/3 da herança (artigo 2159º, nº 1, do C. Civil), A partilha da legítima entre o cônjuge e os filhos do *de cujus* faz-se por cabeça, dividindo-se a herança em tantas partes quantos forem os herdeiros (artigo 2139º, nº 1, 1ª parte, do C. Civil), cabendo a cada um 2/9 da herança ($2/3 : 3 = 2/3 \times 1/3 = 2/9$).

Verifica-se que D deserdou G com fundamento na condenação desta por homicídio de O, herdeira instituída por D. Conforma resulta do disposto no artigo 2166º do C. Civil "o autor da sucessão pode, em testamento, com expressa declaração da causa, deserdar o herdeiro legitimário, privando-o da legítima", quando ocorrer alguma das situações previstas nas alíneas do referido artigo. Ora, tendo em conta que a legítima é a quota do património hereditário reservada obrigatoriamente aos herdeiros legitimário, só se justifica que estes sejam privados desse direito em situações de especial gravidade. Assim, o legislador apenas admite que a deserdação se verifique quando: o herdeiro legitimário tenha sido condenado por crime doloso, a que corresponda pena superior a 6 meses de prisão, cometido contra pessoa, bens ou honra do autor da sucessão ou dos seus herdeiros legitimários (artigo 2166º, nº 1, al. a), do C. Civil); o herdeiro legitimário tenha sido condenado por denúncia caluniosa ou falso testemunho contra as pessoas anteriormente mencionadas (artigo 2166º, nº 1, al. b), do C. Civil); o herdeiro legitimário tenha recusado ao autor da sucessão e ao seu cônjuge os devidos alimentos, sem justa causa (artigo 2166º, nº 1, al. c), do C. Civil).

Ora, o motivo pelo qual D deserdou G, sua filha e herdeira legitimária, não se enquadra em nenhuma das ocorrências legalmente admissíveis para a deserdação. Como tal, apesar da vontade do *de cujus*, G receberá a parte que lhe cabe a título de legítima.

Verifica-se que D faz um primeiro testamento onde instituía C e O como seus herdeiros universais e que, posteriormente, elaborou outro testamento onde institui E na mesma qualidade. Perante tal situação e a contradição que comporta, importa determinar a eficácia de tais testamentos e qual deles prevalecerá. Dispõe o artigo 2313º do C. Civil que "o testamento posterior que não revogue expressamente o anterior revogá-lo-á apenas na parte em que for com ele incompatível". Tendo em conta que as disposições do segundo testamento são, na sua totalidade, incompatíveis com as disposições do primeiro testamento, prevalecerá o testamento feito posteriormente, cabendo a E a quota disponível do património de D, correspondente a 1/3 da herança.

Em resumo: J receberá 2/9 da herança; F receberá 2/9; G receberá 2/9; E receberá 1/3 da herança.

ÍNDICE

CASOS PRÁTICOS RESOLVIDOS